A la mémoire

de mon père et de ma mère.

—

A ma famille.

DROIT ROMAIN

De la loi Cincia.

La loi *Cincia* que les textes appellent *lex Cincia de donis et muneribus* ou *lex muneralis* (Tite-Live xxxiv, 4 ; Festus, *Vᵒ Muneralis*), est un plébiscite qui fut, à l'époque de Caton le Censeur, proposé par le tribun *Cincius Alimentus*. Cicéron nous dit (*De senectute*, n° 4) que Caton le Censeur prêta l'appui de sa parole à la rogatio du tribun Cincius. On ne sait pas au juste à quelle époque fut porté ce plébiscite. Il existait déjà certainement en l'an 555 de Rome, et les auteurs s'accordent généralement pour en faire remonter la date à l'an 549 ou 550 de Rome.

Cette loi, dont nous nous proposons d'étudier le jeu assez compliqué, contenait deux dispositions bien distinctes : 1° Elle défendait aux avocats de recevoir des honoraires pour leurs plaidoiries, *ne quis ob causam orandam donum pecuniamve acciperet*. Cette prohibition s'étendait non-seulement aux honoraires prévus et convenus à l'avance, mais même à ceux qui auraient été après le procès demandés par l'avocat (Tacite, Annales xi, 5). 2° La loi Cincia imposait un taux maximum que les donations entre vifs ne pouvaient franchir sans être soumises pour leur perfection, c'est-à-dire leur irrévocabilité à certaines formes qui, sans l'application de cette loi, ne seraient point exigées rigoureusement.

Godefroy, dans son interprétation de la loi 4, *de donationibus*, au code Théodosien, où Constantin fait allusion au pacte légitime de donation entre ascendants et descendants, émet la supposition que la loi *Cincia* comprendrait trois chefs. Outre les deux chefs que nous avons indiqués, la loi *Cincia* aurait créé et imposé aux donations toutes les conditions de forme auxquelles elles sont en général soumises à l'époque classique. Mais c'est là une donnée inacceptable; elle part de l'idée que le pacte de donation était valable par lui seul avant la loi *Cincia*, et elle est, à ce titre, expressément en opposition avec la maxime : *Ex pacto actio non oritur*. Pour admettre cette opinion, il faudrait tout au moins prouver que la règle *ex pacto actio* n'a pas de toute antiquité été admise en droit Romain.

La loi Cincia avait excepté de ses prohibitions certaines personnes. Pour ces personnes, selon Godefroy, la donation de *res nec mancipi* serait parfaite à leur égard par la tradition. Quant aux *res mancipi*, ces personnes seraient affranchies de la nécessité de la mancipation et même de la tradition. La Constitution d'Antonin le Pieux qui rendit obligatoires les donations entre ascendants et descendants faites par simple pacte, n'aurait pas eu, suivant lui, la portée qu'on lui donne ordinairement. Elle aurait simplement pour la donation des *res nec mancipi* fait remise aux *liberi* et *parentes* de la tradition exigée par la réalisation d'une semblable donation au profit des autres personnes exceptées par la loi Cincia.

Mais il serait bien étrange que la loi *Cincia*, contrairement aux principes les plus vivaces et les plus anciens du droit Romain, eut exigé ainsi moins de formalités pour les donations de *res mancipi* que pour les donations de *res nec mancipi*. Cette anomalie suffirait pour nous faire rejeter à elle seule l'opinion de Godefroy. Maintenant, du reste, la découverte des fragments du Vatican, ne peut plus laisser de doute sur ce point. Ces fragments, § 310 et 311, portent en effet que la donation est parfaite entre personnes exceptées par une mancipation. « *Perficitur donatio in exceptis personis solâ mancipatione vel promissione.* » Déjà du reste, avant la découverte de ces textes, une lettre de Pline le jeune pouvait péremptoirement prouver que le célèbre interprète du Code Théodosien était tombé en erreur sur ce point.

La première disposition de la loi *Cincia* n'a point trait réellement au droit privé. C'est plutôt une question de droit public, de reddition de la justice. Aussi entrerons-nous dans très-peu de détails sur ce sujet, quoique cependant il soit assez curieux à étudier au point de vue des mœurs, et qu'il ait été le plus important aux yeux des orateurs et des écrivains littéraires de Rome. Cette disposition présentait un caractère politique qui ressort du passage de Tacite que nous avons cité plus haut. C'était sous sa simple apparence, une des nombreuses variétés de la réaction plébéienne contre les patriciens, qui n'avait été proposée que *quia vectigalis et stipendiaria plebs esse senatui cœperat*. Avant la fin de la République, en effet, presque tous les avocats à Rome étaient issus de familles patriciennes. Les plébéiens, qui ne pouvaient se passer de leur concours dans les procès qu'ils avaient à soutenir, étaient souvent obligés de payer fort cher l'appui de leur talent. De là mécontentement suivi de la disposition qui nous occupe.

Comme on peut bien le penser, ce chef de la loi *Cincia* fut très-désagréable aux avocats contemporains (Cicéron, *De oratore*, ii, 71). Cette disposition de la loi *Cincia* existait encore du reste et était appliquée du temps de Cicéron (lettres à Atticus, i, 17).

Comment expliquer en droit romain l'introduction d'une disposition aussi bizarre au point de vue des idées modernes? Il n'est pas besoin pour cela de remonter au temps où, à Rome, la plaidoirie n'était qu'un bon office rendu par le patron à son client. On peut l'expliquer même en se plaçant dans les idées du temps où la loi *Cincia* a été rendue. A cette époque, en effet, il y avait peu de personnes qui, faisant du barreau une profession, voulussent chercher dans l'exercice du talent de la parole une simple rémunération pécuniaire. Le but des avocats, en plaidant, était de se rendre célèbres et d'arriver, par l'éclat attaché à leur nom, aux honneurs et aux fonctions publiques. La perspective d'une province à gouverner et quelquefois à dépouiller, ne fut pas toujours sans influence à Rome sur l'éloquence des orateurs judiciaires. On comprend dès lors, que dans cet état de choses, la loi *Cincia* ait pu édicter la prohibition de rémunérer une profession qui était comme l'entrée des fonctions publiques. Sous l'empire la situation changea. Les ambitions particulières furent étouffées ou englobées dans la personnalité du prince, et la renommée et la popularité trop grande furent loin d'être, aux yeux jaloux des Césars, un titre à qui voulait aspirer aux honneurs. Les grandes fortunes qui pouvaient seules permettre le travail sans rétribution avaient disparu ou s'étaient éloignées des fonctions publiques et la plaidoirie dut tendre de plus en plus, malgré la loi *Cincia*, à devenir une profession susceptible de faire honorablement gagner à celui qui s'y adonnait un salaire légitime. La prohibition absolue de la loi ne pouvait donc continuer à exister. Déjà sous Auguste elle était en pratique peu observée. Une loi Julia dut la renouveler et édicta comme sanction contre l'avocat qui aurait accepté des honoraires, une peine égale au quadruple de ce qu'il aurait reçu.

Mais les usages et les mœurs furent bientôt plus forts que la législation, et sous le règne de Claude, cette prohibition était encore tombée en désuétude. A cette époque, on discuta vivement dans le Sénat à ce sujet. La majorité des sénateurs voulait renouveler la loi *Cincia* surtout à l'encontre d'un certain Suillius, avocat célèbre surtout comme accusateur. Ce Suillius avait reçu une somme de 400,000 sesterces (environ 80,000 fr. de notre monnaie) pour défendre une cause dans laquelle il avait ensuite trahi les intérêts de son client. Il s'ensuivit un scandale qui fit redemander l'application de la loi *Cincia*.

On discuta dans le sénat si la prohibition de cette loi serait reprise. Le consul désigné insistait vivement en ce sens. L'éloquence, disait-il, doit tendre à la gloire, et le premier des arts ne doit pas être un métier. L'avocat rétribué ne présente plus les mêmes garanties d'indépendance à l'égard de son client, et lui permettre de demander un salaire, c'est favoriser l'extension des procès déjà trop nombreux. A l'appui de sa thèse, il citait plusieurs exemples d'orateurs célèbres dont le désintéressement avait égalé la célébrité.

En réponse, Suillius faisait remarquer que l'avocat ne peut toujours avoir la prétention de transmettre son nom à la postérité ; que tout travail est rémunéré et que celui de l'avocat doit l'être aussi bien que tout autre ; que les plaideurs pourraient se trouver sans conseil et sans défenseur, s'il ne leur était pas permis de rétribuer ses services. Quant aux exemples cités par le consul, Suillius les expliquait par la grande fortune des orateurs, et il mettait en regard d'autres avocats non moins célèbres qui n'avaient point hésité à recevoir de leurs clients le salaire de leur concours.

Dans cette discussion, le bon sens pratique était évidemment du côté de Suillius et des ennemis de la loi *Cincia*. Néanmoins les hommes les plus honnêtes et les plus honorables de la Rome d'alors, voulaient son application. Mais ils ne comprenaient pas leur époque. Ils croyaient qu'en faisant revivre les vieilles lois, ils feraient revivre les anciennes mœurs. C'était à la racine même du mal qu'il fallait s'attaquer.

Au Sénat, le résultat de la discussion fut une transaction entre les deux opinions opposées. On fixa un maximum de 10,000 sesterces (1948 fr.) que les honoraires des avocats ne pourraient excéder. En recevant au delà de cette somme, l'avocat se rendait coupable de concussion. Il pouvait être poursuivi criminellement et il lui était impossible d'usucaper les choses qu'il avait reçues. Les honoraires ne pouvaient point, du reste, être stipulés d'avance.

Ce sénatus-consulte rendu sous Claude ne fut pas lui-même scrupuleusement observé. Tacite nous dit (Annales, xiii, nº 42) qu'on fut obligé plus tard pour condamner Suillius de faire revivre la loi *Cincia* et les peines édictées par le sénatus-consulte. Suétone nous apprend aussi (Vie de Néron, nº 17) que Néron porta des dispositions relativement aux honoraires des avocats, et voulut qu'ils fussent équitables et déterminés. Sous Septime-Sévère et Caracalla, l'usage pernicieux (*malo more*) qui avait prévalu contre la loi *Cincia* est constaté par un texte du Digeste (ɪ § 12, ff, *de extraordinariis cognitionibus*). Ce texte défend à l'avocat de faire un pacte *de quotâ litis*, c'est-à-dire, de s'associer à l'avance avec son client pour recevoir une part de la somme qui fait l'objet du procès. Mais il reconnait à l'avocat le droit de recevoir et de réclamer, le procès terminé, des honoraires *usque ad probabilem quantitatem*, c'est-à-dire, dans les limites fixées par la loi. Cette limite, dit le texte est de cent *aurei*. C'est la même disposition que la loi *Cincia*, *l'aureus* valant cent sesterces.

La deuxième disposition de la loi *Cincia* fixait un taux maximum que ne pouvaient dépasser les donations entre vifs, sans être soumises pour leur perfection à des formalités spéciales dont l'accomplissement n'était point aussi rigoureusement exigé pour les donations inférieures à ce taux. Il en était autrement néanmoins, si elles étaient adressées à certaines personnes exceptées par la loi elle-même. On entend ici par la perfection d'une donation le caractère obligatoire et irrévocable qu'elle revêt. Une donation est *perfecta*, lorsque toutes les conditions exigées par la loi sont remplies, de telle sorte que le bénéfice ne peut plus en échapper au donataire.

Cujas *(Observationes,* liv. vi chapitre i) semble indiquer que la loi *Cincia* s'appliquait indistinctement aux donations entre vifs et aux donations *mortis causâ.* Il est nécessaire de nous expliquer relativement à ces dernières.

Prenons d'abord la donation *mortis causâ* dans toute la force du terme, celle qui est révocable tout à la fois par le prédécès du donataire et à la volonté du donateur. Pour cette espèce de donation l'opinion de Cujas n'est pas admissible. La loi *Cincia* n'a pour effet que de soumettre la *perfectio* de la donation à quelques difficultés qui n'existeraient point sans elle. Or cette donation *mortis causâ* n'est point *perfecta,* étant révocable à la volonté du donateur. Quant aux héritiers qui n'ont point le droit de révoquer la donation *mortis causâ,* ils ne pourront pas non plus invoquer la loi *Cincia,* en vertu du principe que nous aurons plus tard à étudier : *Cincia morte removetur.* Ainsi donc pas d'application possible de la loi *Cincia* pour ces donations *mortis causâ.* Si cependant on admettait que le principe *Cincia morte removetur,* n'a pas été appliqué dès l'apparition de la loi *Cincia,* il y aurait jusqu'à l'époque où son application a prévalu, intérêt à soumettre les donations à cause de mort à l'empire de la loi *Cincia.* Mais dans le droit classique cet intérêt n'existerait plus.

Certaines donations, révocables par le prédécès du donataire mais non à la volonté du donateur, sont qualifiées par les textes, donations *mortis causâ,* la révocation par prédécès étant de l'essence de ces donations, la révocabilité *ad nutum* n'étant que de leur nature. (Navelle 87). Pour une telle donation il faudrait appliquer la loi *Cincia,* et on comprend facilement l'intérêt que présente cette application. Le donateur qui ne pourrait révoquer la donation pourra invoquer la loi *Cincia* pour ne pas la réaliser ou en retirer le bénéfice au donataire. A plus forte raison en est-il de même pour la donation que je fais par la croyance que j'ai de mon décès futur, quoique je ne fasse pas une véritable donation *mortis causâ*. Il est indubitable que la loi *Cincia* s'y appliquerait.

Quel était le taux maximum, *modus legitimus*, au-delà duquel s'appliquaient les prohibitions de la loi *Cincia ?* On ne le sait en aucune façon et on ne peut même pas sur ce point, se livrer à des conjectures sérieuses.

Cujas et beaucoup d'auteurs modernes après lui, ont admis que ce taux était de 200 aurei. La raison qu'ils en donnaient, c'est que plus tard lorsque l'insinuation fut exigée pour les donations, le taux au-dessus duquel les donations devaient être soumises à l'insinuation était dès l'abord de 200 solidi, ce qui équivaut à 200 aurei. Mais cette assimilation n'est pas exacte, en tant qu'on y voit la substitution de formalités différentes, les sommes restant les mêmes. Lorsque l'insinuation déjà en usage auparavant, fut exigée et législativement établie par Constantin, elle le fut sans distinction et sans limitation de taux (F. v. § 249). Il n'y a donc point de raison suffisante de croire que ce soit à la loi *Cincia* que le taux de l'insinuation ait été plus tard emprunté. Du reste l'insinuation était exigée pour les donations faites par toute personne sans exception et elle n'établissait point seulement une simple formalité, mais elle annulait *ipso jure* tout ce qui excédait le taux par elle fixé. A ces différents points de vue, l'empereur en exigeant l'insinuation se plaçait dans un tout autre ordre d'idées que la loi *Cincia*.

Quel était donc le taux de la loi *Cincia?* On ne le sait en aucune façon ; mais il paraît très-probable que cette loi a adopté un des trois systèmes suivants :

1° La loi *Cincia* aurait procédé par la détermination d'un chiffre précis et invariable qui aurait constitué le *modus legitimus*. Ainsi ce taux aurait été, par exemple, de 200 aurei, comme l'a prétendu Cujas. Mais ce système enveloppant dans la même prohibition toutes les fortunes, les plus grandes comme les plus petites, ne paraît pas très-raisonnable à certains auteurs. Il n'est pas juste que celui dont la fortune est de 1000, par exemple, soit soumis aux mêmes prohibitions, quant au droit de disposer entre-vifs, que celui dont la fortune est de 100.

2° La loi *Cincia* aurait procédé, comme plus tard la loi Falcidie et le sénatus-consulte Pégasien, par la détermination d'une quote-part des biens du donateur au delà de laquelle la donation n'aurait pu s'étendre sans tomber sous les restrictions de la loi *Cincia*. Ainsi, par exemple, on n'aurait pu faire une donation entre vifs excédant le quart ou le dixième de ses biens.

3° Il serait possible qu'empruntant le système adopté plus tard par la loi *Furia Caninia* aux affranchissements testamentaires, la loi *Cincia* ait établi une série de chiffres fixes et un maximum spécial à chacun de ces chiffres en suivant non plus une proportion, mais une progression ascendante ou descendante. Par exemple le patrimoine du donateur étant d'une valeur de 1000, elle eut permis de donner 200 ; son patrimoine étant de 2000, elle eut permis de donner 300.

A défaut d'éléments suffisants de décision sur cette

question, je crois plutôt, quant à moi, que la loi *Cincia*, sans recourir aux complications nécessitées dans les deux derniers systèmes par l'adoption d'une quote-part proportionnelle ou progressive de la fortune du testateur, a plutôt déterminé un chiffre fixe. Il ne faut pas en effet perdre de vue que la loi *Cincia* n'a point eu pour effet, ni peut-être même pour but, d'empêcher et de prohiber les donations qui excèdent le taux qu'elle fixe, mais seulement d'exiger des formalités spéciales nécessaires pour rendre parfaite une donation supérieure à ce taux. On comprend dès lors que la loi s'inquiète beaucoup plus de la valeur de la chose donnée en elle-même que de la quotité de fortune du disposant. Du reste, s'il y avait eu nécessité pour apprécier si la donation excédait ou non le taux de la loi *Cincia* de connaître la valeur du patrimoine du donateur au moment de la donation, les textes feraient très-probablement mention de cette exigence et de la manière dont devait être administrée la preuve que la donation était supérieure au *modus legitimus*, tandis qu'ils semblent par leur silence reconnaître que le fonctionnement de la loi *Cincia* sur ce point est d'une facilité sur laquelle il n'est pas besoin d'insister.

On peut se demander, au cas où le même donateur aurait fait à la même personne plusieurs donations dont aucune n'excédât le *modus* de la loi *Cincia*, mais qui réunies, le dépasseraient, si la loi *Cincia* peut alors être invoquée. Un texte du Code relatif à la formalité de l'insinuation (34 § 3, C. *de donationibus*) a donné lieu à cette question et montre qu'elle était déjà controversée à l'époque classique.

Si la donation dépasse le *modus legis Cinciæ* par son chiffre brut, mais qu'elle est faite avec charge, et que la déduction de cette charge, appréciable en argent, en fait descendre le taux à un chiffre inférieur au *modus Cinciæ*, cette loi s'appliquera-t-elle? Je ne le crois pas. La valeur d'une donation ne peut être arbitrée que déduction faite des charges qui la grèvent.

La loi *Cincia* avait été l'objet d'un commentaire particulier du jurisconsulte Paul, *liber singularis ad legem Cinciam*, d'où a été tirée la loi 29, ff, *de legibus*.

Nous diviserons en trois chapitres les explications que nous avons à donner sur cette matière : 1° De la sanction attachée à la violation de la loi *Cincia* ; 2° Des personnes exceptées par cette loi et auxquelles ne s'applique point la prohibition qu'elle édicte ; 3° Des donations auxquelles la loi *Cincia* est absolument inapplicable, quelles que soient les personnes auxquelles elles sont adressées.

CHAPITRE I

De la sanction de la loi Cincia.

Ulpien, au commencement des fragments qui nous restent de son livre intitulé *Regulæ* (Tit. i, § 1 et 2) semble faire allusion à la loi *Cincia* au point de vue de la sanction. Ce serait une loi sans sanction, *lex imperfecta*. Dans ce passage Ulpien paraît avoir voulu opposer trois espèces de lois civiles prohibitives :

1° Des *leges perfectæ*, dont la prohibition est sanctionnée par la nullité de tout ce qui est fait en violation de leurs préceptes, par exemple la loi *Ælia Sentia* en tant qu'elle défend sous peine de nullité les affranchissements faits *in fraudem creditorum* ;

2° Des *leges minus quam perfectæ* ; ce sont celles

qui édictent une prohibition, et qui, sans prononcer la nullité de ce qui est fait au mépris de cette prohibition, la sanctionnent par une peine à l'encontre du contrevenant. Ulpien cite comme exemple la loi *Furia testamentaria* qui décidait qu'à l'exception de certaines personnes, nul ne pourrait recueillir un legs supérieur à mille as, sans être passible d'une peine du quadruple (Règles 1 § 2).

3° Des *leges imperfectæ*. Ces lois édictent une prohibition et ne la sanctionnent ni par la nullité ni par une peine en cas de violation. Dans cette catégorie rentrait la loi *Cincia*.

La loi *Cincia* est donc *imperfecta*; et cela signifie qu'il n'y a point de peine contre qui fait ou reçoit une donation en contravention à cette loi et que la donation ainsi faite n'est pas nulle. De ce défaut de nullité découlent deux conséquences : 1° La loi *Cincia* n'ouvre au donateur aucune action pour reprendre soit le montant total de la donation, soit même ce qui excède le taux par elle fixé ; 2° La donation contraire à la loi *Cincia* peut servir de juste titre pour arriver à l'usucapion (F. v, § 293).

Est-ce à dire que la loi *Cincia* sera absolument dépourvue de sanction? Non. Toutes les fois que la donation ne sera pas pleinement exécutée, le donateur qui se repend pourra opposer au donataire qui réclame, la réalisation de la libéralité, une exception *legis Cinciæ*.

D'autre part, lors même que le donataire est nanti de la chose donnée, si le donateur a, pour recouvrer cette chose, un procédé emprunté soit au droit civil, soit à toute autre source du droit, et qui valablement intenté en droit pur, échouerait dans le droit commun sans l'intervention de la loi *Cincia*, cette loi rendrait à ce procédé toute sa vertu. Mais si la donation avait été pleinement exécutée et que le donateur n'eut aucun moyen de se remettre en possession de la chose, la loi *Cincia* ne créait aucune action pour rescinder la donation. *Si plus donatum sit, non rescindit.*

En réalité cela revient à dire que la *perfectio* de la donation excédant le *modus* de la loi *Cincia* sera plus difficile à obtenir que pour les donations inférieures à ce taux. La donation ne sera pas obligatoire et irrévocable dans des cas où elle le serait sans l'application de cette loi.

Dans ce manque de sanction que nous avons reconnu à la loi *Cincia*, y a-t-il un défaut de prévoyance de la part du législateur? On est bien tenté de le croire, d'autant plus que ce n'est point la seule loi rendue à cette époque qui présente cette anomalie. Je ne veux citer notamment que les lois *Atilia* et *Julia Titia* qui n'avaient point édicté la sanction nécessaire pour obliger les tuteurs à gérer et à donner caution (*Institutes, de atiliano tutore* § 3). Mais en fait dans le droit classique, soit que cet effet eut été normalement prévu par la loi *Cincia* elle-même, soit plutôt que les préteurs, tout en reculant devant l'obligation de créer une action nouvelle, se soient refusés obstinément à prêter la main à une violation de cette loi, la loi *Cincia* avait pour effet de protéger plus efficacement les donateurs contre leurs propres velléités de générosité, et de soumettre leur volonté à des règles que ne comportait plus l'application normale du droit romain, par suite de la combinaison du droit prétorien et des principes nouveaux, avec le droit civil pur et les principes anciens relatifs à la propriété et aux obligations.

C'était, on le voit, dans l'intérêt du donateur lui-même que s'élevaient les prohibitions de la loi *Cincia*. Cela résultait en outre de l'application de la règle : *Cincia morte removetur*.

Il ne faut pas comparer à ce point de vue la loi *Cincia* à la loi *Voconia* en tant qu'elle prohibait l'institution des femmes par les personnes qui avaient une fortune de 100,000 as ; ni à la loi *Ælia Sentia* dans ses dispositions qui défendaient l'affranchissement des esclaves âgés de moins de trente ans ou condamnés à des peines infamantes ; ni enfin à la loi *Furia Caninia*. Ces lois, en effet, sont conçues dans une vue d'ordre public. La loi *Voconia* voulait empêcher que les femmes, par un excès de richesse n'arrivassent à un excès d'indépendance qu'elle considérait comme contraire aux mœurs et à l'ordre public. Les lois *Ælia Sentia* et *Furia Caninia* avaient pour but d'empêcher les esclaves d'arriver trop facilement à acquérir le titre précieux de citoyens Romains, alors qu'ils n'en étaient pas dignes.

Mais en sens inverse, on peut rapprocher la loi *Cincia*, de la loi *Furia testamentaria*, de la loi *Voconia*, en tant qu'elle déclarait que nul légataire ne pourrait obtenir un legs plus important que les bénéfices dévolus à l'héritier, de la loi Falcidie, etc. Ces lois, en effet, n'ont pas un caractère d'ordre public ; elles ont surtout en vue l'intérêt privé.

De l'exception legis Cinciæ.

En fait, la sanction de la loi *Cincia* consistera, comme nous l'avons vu, dans le fonctionnement d'une exception opposée par le donateur au donataire, ou d'une réplique fondée sur cette loi et repoussant une exception invoquée contre lui. Il nous paraît donc nécessaire d'étudier tout d'abord la nature de cette exception.

Cette exception est appelée *exceptio legis Cinciæ* (F. V. § 310). Elle rentre dans celles qui ont leur origine dans la loi ou dans une source du droit assimilable à la loi, *quæ ex legibus vel his quæ legis vicem obtinent, substantiam capiunt*. Elle était conçue dans un but d'intérêt privé comme la loi *Cincia* elle-même.

L'exception *Legis Cinciæ* présente divers caractères que nous avons ici à passer en revue : 1° Elle ne tend pas nécessairement à faire prévaloir l'équité ; 2° Elle entraîne absolution complète de celui qui l'invoque ; 3° Elle est perpétuelle ; 4° Elle est *popularis* ou *rei cohærens* ; 5° Elle s'éteint par le décès du donateur.

Premier caractère. L'exception *Legis Cinciæ* n'est pas de celles qui tendent nécessairement à faire prévaloir l'équité. En effet, les dispositions arbitraires de cette loi et les formalités qu'elle rend nécessaires, ne pourraient certainement point être suppléées, dans tous les cas, par les seules notions de l'équité. Ce caractère reconnu à l'exception *legis Cinciæ* présente plusieurs intérêts pratiques. Mais il faut écarter ici le principal, à savoir que l'exception qui tend nécessairement à faire prévaloir l'équité, est sous-entendue dans la formule des actions de bonne foi. On comprend peu, en effet, qu'un donataire puisse réclamer le bénéfice de la libéralité qui lui est faite par une action de bonne foi. Ce sera presque toujours par une action réelle ou par une action *stricti juris*. Néanmoins ce serait peut-être aller trop loin que de dire que cela ne pourrait jamais se présenter. De ce que l'exception *legis Cin-*

ciæ ne tend pas naturellement à faire prévaloir l'é-
quité, il résulte deux autres conséquences :

1° Cette exception ne peut être convertie en une
exception de dol. En effet, le donateur risquerait bien
de voir son exception repoussée, s'il se bornait à prétendre simplement qu'il y a dol de la part du donataire à réclamer l'exécution de la donation. Puisqu'il
a fait la donation, il est plutôt équitable qu'il l'exécute.

2° La *replicatio doli mali* dans le cas où elle est
invoquée par le donataire pour détruire l'effet de l'exception *legis Cinciæ*, devra être insérée dans la formule. Elle n'y sera point sous-entendue comme dans
le cas où le défendeur invoque une exception qui tend
nécessairement à faire prévaloir l'équité. Du reste,
cette *replicatio doli mali* ne pourra jamais être exclusivement fondée sur le dol dont le donateur fait preuve
en ne voulant pas exécuter la donation. Il faut qu'elle
s'appuie sur un fait de dol postérieur à la donation ou
qui en soit du moins complétement indépendant, tel
que le fait de revendiquer l'immeuble livré mais non
mancipé, sans vouloir payer les dépenses faites par le
donataire sur ce fonds (5, § 2, ff, *de doli mali et metûs exceptione*), ou l'allégation par le donataire que le
donateur ayant persévéré dans sa volonté, il y a dol
de la part de ses héritiers à ne pas vouloir exécuter la
donation. Mais la *replicatio* ne peut se baser uniquement sur ce qu'il y aurait dol à invoquer l'exception. On peut, par analogie, invoquer en ce sens un
texte de Julien (15, ff, *de exceptionibus*) relatif à
l'exception *jurisjurandi*. Elle ne peut, dit ce texte,
être détruite par une *replicatio doli* fondée uniquement sur la fausseté du serment.

Deuxième caractère. L'exception de la loi *Cincia* est de celles qui, une fois vérifiées, emportent absolution complète du défendeur et non point simplement la diminution de la condamnation. Le donateur n'est obligé à rien donner, pas même à exécuter la donation jusqu'à concurrence du *modus legitimus.* Cela s'explique parce que la loi Cincia ne tient pas le consentement pour certain, lorsque toutes les formalités qu'elle nécessite n'ont point été observées. (F. v § 312). On ne peut évidemment pas appliquer ce motif à une partie de la donation et ne pas l'appliquer à l'autre. Le caractère de la donation contraire à la loi *Cincia* est d'être *imperfecta* ; elle ne peut l'être que pour le tout. Il ne faut pas se laisser dominer par l'analogie tirée des règles des lois du droit de Justinien en matière d'insinuation et vouloir appliquer ces dispositions à la loi *Cincia.* L'insinuation a d'autres motifs et d'autres formalités que celles que nécessite cette loi.

Troisième caractère. L'exception *legis Cinciæ* est une exception perpétuelle (F. V. § 266). Ce caractère combiné avec l'idée que l'exception de la loi *Cincia* est établie dans l'intérêt du donateur et pour le protéger, *favore debitoris,* conduit à décider que lorsque l'exception pouvait être invoquée par un individu qui a payé sans l'opposer, il y a lieu à répétition. Cette répétition s'exerce par une *condictio indebiti* que nous aurons à étudier plus loin. Cette application de la *condictio indebiti* à notre hypothèse est très-clairement mentionnée dans le § 266 des fragments du Vatican. *Si quis contra legem Cinciam obligatus non excepto solverit, debuit dici repetere eum posse ; nam semper exceptione Cinciæ uti potuit. »*

On doit aussi conclure , de ce même caractère de perpétuité, que si le défendeur a par erreur négligé de faire insérer l'exception dans la formule , il peut même après la *litis contestatio*, tant que dure l'instance devant le juge , demander la *restitutio in integrum* afin de pouvoir baser sa défense sur ce moyen. (Gaius, Comm. iv. § 125). Mais une fois le jugement rendu, si le défendeur ne l'a point invoquée, l'exception *legis Cinciæ* est complétement perdue pour lui. C'est ce qui résulte d'une manière générale de la Constitution 2 , *sententiam rescindi non posse* au Code Justinien. Il est vrai qu'il y a certaines exceptions qui, en pareil cas, sont encore même opposables à l'action *judicati*, mais rien n'autorise à dire que l'exception *legis Cinciæ* soit de ce nombre et, comme elle est édictée dans un intérêt privé, il est plus conforme aux principes de ne point la donner contre l'action *judicati*.

Toutefois, même après qu'il y a eu *res judicata*, la nature primitive du droit constitué par la donation au profit du donataire, n'est point, comme on sait, complétement effacée. Le donateur pourrait encore invoquer le bénéfice de compétence même contre l'action *judicati* et il ne devrait, par suite, être condamné que *de eo quod facere posset*.

Quatrième caractère. L'exception de la loi *Cincia* est *popularis*, conformément à l'opinion des Proculiens, contraire en ce point, nous dit Ulpien, à celle des Sabiniens. Etant *popularis*, elle peut être invoquée par toute personne intéressée, *quivis*.

Dans cette controverse, nous voyons apparaître l'idée et le but d'intérêt privé qui correspond à la loi *Cincia*. Les Sabiniens, en effet, poussant ce principe à l'excès, voulaient que le donateur seul pût invoquer l'exception, tandis que les Proculiens comprenant mieux le véritable intérêt de celui-ci, étendaient ce droit à toute personne. Mais ceux-ci, même dans ce cas, s'inspiraient toujours de l'intérêt même du donateur.

Voici quelques exemples de personnes qui, sans avoir fait la donation, pourront invoquer l'exception *legis Cinciæ* : Une personne, voulant faire une donation, mancipe, sans la livrer, une chose dont la valeur excède le *modus legitimus*. Postérieurement, elle vend la chose à un tiers et le met en possession. Le donataire intentant l'action en revendication contre le possesseur, cette action sera fondée *ipso jure* puisque, par suite de la mancipation, il est devenu propriétaire *ex jure Quiritium;* mais l'acheteur pourra victorieusement lui opposer l'exception de la loi *Cincia*. Au fond, c'est l'intérêt même du donateur qui est engagé. En effet, une fois évincé, l'acheteur se retournerait contre lui et l'actionnerait en garantie comme n'ayant pas la possession paisible de la chose vendue.

Si dans la même hypothèse nous supposons que le donateur après avoir mancipé, mais non livré, une chose dont la valeur excède le *modus legitimus*, la livre ensuite à titre de donation à une autre personne, exceptée ou non, le second donataire pourra opposer l'exception *legis Cinciæ* à la revendication du premier. Il semble néanmoins que le donateur soit pleinement désintéressé dans l'action qui s'agite entre les deux donataires, puisque ni l'un ni l'autre n'a d'action en garantie contre lui. Mais l'intérêt bien entendu du donateur doit conduire à cette solution. Si le deuxième donataire était évincé par le premier, le donateur n'aurait pas eu la libre disposition de sa chose et aurait perdu la faculté d'en faire la libéralité à qui bon lui semble.

Il est encore d'autres applications du caractère populaire de l'exception *legis Cinciæ*. Elle pourra notamment être invoquée par le tiers qui aura hypothéqué sa chose pour la garantie d'une promesse faite *donationis causâ* ou qui aura fait le pacte de constitut, ou par le fidéjusseur qui aura cautionné la promesse de donation, etc. C'est ce qui ressort pour le fidéjusseur de la loi 24, ff, *de donationibus*, qui pose cette règle pour le fidéjusseur et qui doit évidemment être étendue en général aux autres cas d'intercessio. Cette loi est ainsi conçue : *Fidejussori ejus, qui donationis causâ pecuniam, vel aliud quid promisit, exceptio dari debet etiam invito reo : ne forte reus solvendo non fuerit, pecuniam fidejussor amittat.*

Ce texte, comme le montre *l'inscriptio*, est extrait d'un ouvrage de Javolenus, jurisconsulte appartenant à l'école Sabinienne. Il résulte de là, que la divergence dont parle Ulpien dans le § 266 des fragments du Vatican n'était point absolue et que certains jurisconsultes de l'école Sabinienne avaient adopté l'extension de la théorie Proculienne au caractère de l'exception *legis Cinciæ*.

Par quelle raison le fidéjusseur peut-il opposer l'exception *legis Cinciæ?* C'est évidemment dans l'intérêt du donateur contre qui il pourrait, après avoir payé, intenter l'action *mandati*. On voit donc encore que le caractère populaire de l'exception *legis Cinciæ* résulte de l'intérêt du donateur. On ne comprendrait pas du reste qu'il dépendît du donataire, en exerçant son action contre le fidéjusseur plutôt que contre le donateur, de faire que l'exception *legis Cinciæ* ne puisse lui être opposée. Mais Javolenus va même plus loin. Quand même le donateur ne le voudrait pas, le fidéjusseur pourra néanmoins opposer l'exception : par cette excellente raison que le donateur peut être insolvable et que le recours du fidéjusseur serait alors annihilé. Si le fidéjusseur avait payé, il aurait par la même raison la *condictio indebiti* dans les mêmes termes et aux mêmes conditions que le donateur.

Sous Justinien, ce texte ne s'applique plus à la loi *Cincia* qui est abrogée, mais à la donation dépassant cinq cents solides et non insinuée. Seulement la donation non insinuée étant nulle *ipso jure* pour tout ce qui excède ce taux, le fidéjusseur n'aura plus besoin d'exception pour repousser la demande du donataire. Ce sera une application du § 5 *de fidejussoribus* aux Institutes.

En résumé, ce que les Proculiens voulaient dire en professant que l'exception *legis Cinciæ* était *popularis*, c'est ce qu'on exprime encore en disant que l'exception est *rei cohærens*. C'est très-probablement leur opinion qui a prévalu, ainsi que le montre l'adoption de cette opinion par Ulpien et l'insertion au Digeste de la loi 24, *de donationibus*.

Les intéressés, autres que le donateur, à qui nous reconnaissons le droit d'invoquer l'exception de la loi *Cincia*, pourraient-ils au besoin se prévaloir d'une action, dans le cas où le donateur le pourrait et aux mêmes conditions. Par exemple, le donateur qui n'a transmis au donataire que la possession d'une *res mancipi* par la tradition, en transfère ensuite la propriété à un acheteur par mancipation ou par *cessio in jure*;

cet acheteur pourra-t-il utilement revendiquer la chose?
Cela me paraît très-probable. En effet, c'est alors par le
fonctionnement d'une *replicatio legis Cinciæ* que la
revendication opère, et on ne voit pas pourquoi la *replicatio* ne serait pas *popularis* comme l'exception. Néanmoins, on ne peut à ma connaissance justifier cette
proposition par aucun texte relativement aux ayants
cause à titre particulier : pour les ayants cause à titre
universel, le § 253 des *Fragments du Vatican* suffit
à la justifier.

Cinquième caractère. L'exception *legis Cinciæ*
s'éteint par le décès du donateur ayant persisté jusqu'au
dernier moment dans sa volonté de donner. Ce caractère de l'exception n'est nullement contraire au caractère de perpétuité que nous lui avons reconnu. En effet,
dire qu'une exception est perpétuelle signifie simplement qu'elle ne s'éteint point par l'expiration d'un laps
de temps donné. On oppose en effet les exceptions per-
pétuelles et péremptoires aux exceptions temporaires
et dilatoires.

L'exception *legis Cinciæ* tombera-t-elle de plein
droit à la mort du donateur? Non. Elle pourra toujours
être opposée par ses héritiers, mais ce sera sans effet.
Le donataire répondra à cette exception par une *replicatio doli mali*, qui lui permettra de conserver la
chose. On considère qu'il y a dol de la part des héritiers
à ne pas exécuter la volonté persistante de leur auteur.
De ce qu'il faut une réplique pour paralyser l'effet de
l'exception *legis Cinciæ*, il résulte que c'est au donataire à prouver que le donateur a maintenu sa volonté
jusqu'à sa mort. Le principe, en effet, applicable à la
réplique comme à l'exception, c'est que toute personne
qui invoque un de ces moyens de défense doit justifier

des faits sur lesquels elle est fondée. *Reus excipiendo fit actor.*

Il y aurait changement de volonté si le donateur, par exemple, après avoir mancipé et livré une chose mobilière, en avait voulu reprendre la possession, comme il peut quelquefois, ainsi que nous le verrons plus tard, par l'exercice de l'interdit *utrubi.* Si après sa mort le donateur réclamait de ses héritiers l'exécution de la libéralité, ceux-ci pourraient lui opposer l'exception *legis Cinciæ*, et en fait, la réplique de dol serait fort mal accueillie. Du reste, sur ces questions de changement ou de maintien de volonté, le juge avait un pouvoir d'appréciation souveraine comme dans toutes les questions de fait.

Ce caractère que nous avons reconnu à l'exception *legis Cinciæ* est souvent exprimé par la maxime : *Cincia morte removetur.* Cette maxime signifie que les héritiers du donateur mort persévérant dans sa volonté, ont perdu tout à la fois les exceptions et les moyens de poursuite que pouvait avoir celui-ci. Ils n'auront plus ni l'exception *legis Cinciæ*, ni la revendication, ni même la *condictio indebiti* ou l'interdit *utrubi.* D'une manière générale, ils sont déchus de tous les moyens de défense ou voies de poursuite appartenant à leur auteur. On peut dire alors que la donation devient *perfecta*.

Ce principe est posé dans une constitution de Dioclétien et de Constance (F. V. § 312) : « *Successoribus donatoris perfectam donationem revocare non permittitur, cum imperfectam perseverans voluntas per doli mali replicationem confirmet.* »

L'application de ce principe est faite par ce texte dans l'hypothèse suivante : une personne a fait une donation immobilière; cette personne étant morte, ses héritiers dépossèdent violemment le donataire non point par une *vis armata*, mais par une *vis quotidiana*. Quelle ressource a le donataire ainsi dépossédé? Il faut distinguer. S'il se trouve dans l'année utile de la dépossession (1, § 39, *de vi et vi armatâ*), il intentera l'interdit *unde vi* et se fera remettre la chose avec tous ses accessoires, meubles qui la garnissent et fruits perçus depuis la dépossession. Cet interdit compéterait même au donataire si le donateur n'avait pas jusqu'à sa mort persévéré dans sa volonté de donner. Mais dans ce cas le donataire n'aurait qu'un triomphe éphémère. Les héritiers pouvaient revendiquer la chose et à l'exception *rei donatæ et traditæ* opposer une réplique *legis Cinciæ* que ne pourrait, par hypothèse, détruire une duplique du dol.

Si l'année utile s'est écoulée, le donataire devrait intenter la revendication ou l'action publicienne suivant la nature de son droit, et s'appuyant sur le caractère particulier de l'exception que nous étudions, il triompherait grâce à une réplique de dol qui paralyserait l'effet de la loi *Cincia*. Il pourrait même, quoique le texte n'en fasse pas mention, intenter l'interdit *unde vi* contre les héritiers *de eo quod pervenit* (1, P., *de vi et vi armvtâ*).

Nous allons maintenant étudier le fonctionnement de la loi *Cincia* dans les diverses hypothèses qui peuvent se produire. Nous étudierons successivement : 1° Les donations par voie d'aliénation ; 2° les donations par voie de promesse ; 3° les donations par voie de remise de dette ; 4° les donations par voie de cession d'action ; 5° les donations par voie de délégation.

§ I. Donations par voie d'aliénation.

Supposons d'abord que le donateur a sur la chose le droit le plus plein qu'on puisse avoir : le *dominium ex jure Quiritium* s'il s'agit d'un meuble ou d'un fonds italique, la *proprietas*, s'il s'agit de fonds provinciaux, et qu'il veuille transférer entièrement au donataire le droit qu'il a sur la chose, qu'il veuille le rendre plein propriétaire. C'est de beaucoup l'hypothèse la plus fréquente et c'est peut-être la seule à laquelle les textes qui nous sont parvenus fassent application de la loi *Cincia*.

Dans cette hypothèse, la donation serait parfaite, abstraction faite de la loi *Cincia*, aussitôt que le donataire aurait acquis un droit sur la chose, qu'elle lui aurait été mancipée, cédée *in jure* ou livrée. La tradition même serait suffisante. Elle permettrait au donataire, étant faite à la suite d'une juste cause, d'exercer les actions qui protègent son droit et d'opposer à toute revendication au moins l'exception *rei donatæ et traditæ*. Quelles sont les conditions nouvelles introduites par l'application de la loi *Cincia?* Il faut distinguer la donation de biens meubles ou immeubles, de *res mancipi* ou *nec mancipi*.

A. *Res nec mancipi immobiles.*

La donation de choses immobilières *nec mancipi*, par exemple un fonds provincial, dont la valeur est supérieure au taux de la loi *Cincia*, sera parfaite par la seule tradition. En effet la tradition faite, le donateur n'a plus aucun droit sur la chose; il a réalisé la donation dans les limites dans lesquelles il lui était possible de le faire. Ce résultat est indiqué dans le

§ 313 des *Fragments du Vatican : Donatio prædii quod nec mancipi est, traditione solâ perficitur.*

Cette hypothèse de tradition d'un immeuble *nec mancipi* à la suite d'une donation est longuement développée dans une constitution de Dioclétien (F. v, § 293). L'empereur supposant la donation d'un fonds tributaire, c'est-à-dire faisant partie d'une province directement administrée par lui, décide qu'elle est parfaite par la tradition, et il s'appuie sur ce que dans de semblables donations il n'y a point à s'occuper de la loi Cincia : *In donatione rei tributariæ circa exceptas et non exceptas personas legis Cinciæ nulla differentia est; cum et vacuæ possessionis inductione celebratâ in utriusque personâ perficiatur, et, si hanc secutam post hujus modi placitum non constet, manifeste nec cœpta videatur.* La solution que donne ce texte serait la même pour un fonds stipendiaire (F. v, § 259). Si Dioclétien parle d'une *res tributaria*, c'est que l'espèce sur laquelle il était consulté était relative à un de ces fonds.

La tradition, dans ce cas comme dans toutes les autres hypothèses, ne sera suffisante qu'autant que la donation serait d'ailleurs parfaite, en dehors de l'application de la loi *Cincia.* Ainsi ce § 193 exige que le donataire prouve que la possession de l'immeuble provincial lui a été livrée par un majeur. *Quapropter in his quidem quæ solo tributario consistunt, a majore quinque et viginti annis in vacuam inductos possessionem vos ostendi convenit.* Mais ce n'est point une condition spéciale à la donation excédant le *modus legitimus,* c'est l'application des règles générales relatives à la validité des donations. A ce point de vue cette exigence s'explique par deux motifs. On sait qu'un

‿enatus-consulte prohibait l'aliénation des immeubles appartenant à un mineur de vingt-cinq ans, *sine decreto magistratûs*, et d'autre part les mineurs de vingt-cinq ans étaient incapables de faire une donation.

B. *Res mancipi immobiles.*

Pour que la donation d'un fonds italique ou d'un fonds provincial investi du *jus italicum*, dont la valeur est supérieure au *modus legitimus*, soit *perfecta*, il faut qu'il soit intervenu tout à la fois une *cessio in jure* ou une mancipation et en outre une tradition. Il faut la réunion de ces deux actes juridiques produisant tout à la fois transport de la propriété et de la possession. S'il n'est survenu qu'une tradition seule, le donateur resté propriétaire pourra intenter la *rei vindicatio* inhérente à son titre de *dominus ex jure Quiritium*. Cette action, s'il n'y avait point contravention à la loi *Cincia*, serait repoussée par une exception *rei donatæ et traditæ*. Elle aura ici toute son efficacité, grâce à une *replicatio legis Cinciæ* que le donateur fera insérer dans la formule. Si au contraire il n'est intervenu qu'une mancipation ou une *cessio in jure* non suivie de tradition, le donateur resté en possession de la chose pourra à la *rei vindicatio* intentée par le donataire *dominus ex jure Quiritium* opposer une exception *legis Cinciæ*. Pour qu'aucun de ces deux résultats ne puisse se produire, il faut donc le concours de la mancipation et de la tradition.

Ces résultats que nous exprimons par l'analyse des principes, sont proclamés par un grand nombre de textes. La règle générale est reprise au § 313 des fragments du Vatican : « *Donatio prædii quod mancipi est, inter non exceptas personas traditione atque mancipatione perficitur.* »

Plusieurs textes font l'application détaillée de cette nécessité d'une mancipation et d'une tradition. Dans les § 310 et 311 Paul supposant une simple mancipation faite à titre de donation à une personne exceptée, reconnait à la donation ainsi réalisée le caractère obligatoire. *Perficitur donatio in exceptis personis solâ mancipatione.* Mais il lui refuse ce caractère dans le cas où la donation est adressée à une personne non exceptée : dans ce cas la donation est *imperfecta . Sed in personâ non excepti sola mancipatio non perficit donationem.*

Quelle sera dans ce cas la protection que la loi *Cincia* accorde au donateur ? Il répondra à *l'intentio* du donataire revendiquant la chose qui lui a été mancipée, par une exception *legis Cinciæ* ou par une exception *in factum* ainsi conçue : *Si non donationis causâ mancipavi.* Ces deux exceptions ne peuvent pas fonctionner indifféremment l'une pour l'autre. L'exception *legis Cinciæ* oblige le donateur qui l'invoque à prouver : 1° Que la mancipation a été faite *donationis causâ ;* 2° Que le donataire ne figurait pas au moment de la donation parmi les personnes exceptées ; 3° Que la donation excède le *modus legitimus.* Au contraire l'exception *in factum* enferme le débat dans la constatation d'un simple fait : y a-t-il eu ou non donation ? S'il y a eu donation, le juge devra absoudre le défendeur. Cette exception *in factum* suppose que le fait de la donation est dénié par le donataire qui reconnait que s'il y avait eu donation, elle tomberait sous le coup de la loi *Cincia ;* sinon, il ne consentirait point à la laisser insérer dans la formule.

Elle ne pourra donc fonctionner à la place de l'exception *legis Cinciæ* qu'autant que le point qui divise les plaideurs sera de savoir s'il y a eu ou non donation. Du reste le texte ne donne pas la formule absolument exacte de cette exception *in factum*, puisqu'il parle à la première et non à la troisième personne. Il est à croire que lorsque le donateur opposait la loi *Cincia* par voie de *replicatio*, cette *replicatio* pouvait aussi être conçue *in factum*.

Dans cette hypothèse, comme dans celles qui vont suivre, le donataire pourrait triompher dans l'action malgré la loi *Cincia*, s'il invoquait de son côté un moyen de défense, soit tiré du fond du droit, soit invoqué *exceptionis ope*, qui aurait pour effet dans le droit commun de paralyser l'action à laquelle *l'exceptio* ou la *replicatio legis Cinciæ* donne efficacité. Cette *replicatio* notamment n'a pour effet que d'anéantir l'exception *rei donatæ et traditæ*, mais elle ne peut détruire les exceptions de dol ou autres qui, à raison des circonstances du fait pourraient être invoquées par le donataire, et qui devraient l'être par voie de duplique.

Il faut même aller plus loin. Lorsque le donataire se trouve dans une de ces hypothèses où sans avoir d'action il aurait à son service étant défendeur le secours d'une exception, le droit imparfait que lui a conféré la donation contraire à la loi *Cincia*, lui permettrait d'invoquer et d'opposer au donateur sa situation exceptionnelle par voie de *replicatio*. Cette *replicatio* viendrait ainsi rendre sa force à l'action que paralyserait sans elle l'exception *legis Cinciæ*. C'est ce qui paraît ressortir d'un texte de Paul, la loi 5 § 2, ff *de doli mali et metûs exceptione*. Ce texte se place dans l'hypothèse suivante : Un fonds italique a été donné et la donation s'est réalisée par suite d'une mancipation ou d'une *cessio in jure*. Ce caractère de la donation résulte des mots : *Si donavi alicui rem*, qui se trouvent dans le texte au lieu des mots : *Si donationis causâ promisi* ou *spopondi* comme dans les lois 24, 33, P. ff, *de donationibus;* il résulte aussi de ce que le donataire intente une *petitio, si petat à me rem donatam*, ce qui désigne spécialement une action réelle. Après cette mancipation et par suite de faits, dans le détail desquels Paul n'entre pas, la chose ainsi mancipée *donationis causâ* était venue en la possession du donataire qui avait élevé sur elle des constructions. Le donateur avait ensuite repris la possession de cette chose, soit par l'exercice d'un interdit, soit autrement. Dans ces conditions le donateur revendique la chose donnée, comme il le peut en droit pur ; le donateur lui oppose l'exception *legis Cinciæ*, la donation dépassant le *modus legitimus ;* le donataire pourra alors répliquer en excipant du dol que commet le donateur en ne voulant pas lui rembourser jusqu'à concurrence de la plus value les dépenses qu'il a faites. Cette réplique sera admise, bien que, si la donation contraire à la loi *Cincia* n'avait point été faite, le constructeur de bonne foi n'aurait eu à notre avis aucune action pour se faire rembourser jusqu'à concurrence de la plus value les impenses par lui faites. Du reste si le donateur offrait *in jure* de rembourser les dépenses jusqu'à concurrence de la plus value, l'exception *legis Cinciæ* ne serait plus alors paralysée, en l'absence de tout dol de la part du donateur.

C. *Res nec mancipi mobiles.*

A cette donation qui en droit commun serait parfaite par la simple tradition, et à laquelle la loi *Cincia* semblerait d'abord, comme pour les donations de choses *nec mancipi* immobilières, devoir rester complétement étrangère, cette loi vient néanmoins lorsqu'elle dépasse le *modus legitimus* apporter des restrictions. Ces restrictions sont empruntées à la théorie des interdits et notamment à l'interdit *utrubi*. Il faut pour que la donation soit *perfecta* non seulement le transport de la propriété et de la possession réalisé par la tradition, mais encore que la possession se soit prolongée pendant un temps suffisant pour que le donataire ait l'avantage dans l'interdit *utrubi*. *Oportet ut is cui donata res est, superior sit interdicto utrubi*. (F. v. § 311)

Cette condition spéciale est du reste exigée dans tous les cas où il y a eu donation d'une chose mobilière, *mancipi* ou non, dont le taux excède le *modus legitimus*. Mais elle n'est jamais exigée pour les immeubles et il semble assez bizarre, si on se place au point de vue qui a inspiré les législateurs français, que la loi ait exigé plus de formalités pour la perfection de la donation d'un meuble que pour un immeuble. Mais cela tient non point tant à la nature de la chose donnée en elle-même, qu'à la nature des institutions différentes que le préteur avait à appliquer. Lorsqu'il s'agissait d'un immeuble, l'interdit qui tranchait la question de posssession était l'interdit *uti possidetis;* pour les meubles, c'était l'interdit *utrubi*. Dans l'interdit *uti possidetis* le triomphe est assuré à qui peut établir une possession exempte de vices existant au moment où l'interdit est délivré. C'est par hypothèse ce que le donataire peut faire, puisqu'il a reçu la tradition. L'interdit *utrubi* au contraire, se plaçant dans des idées tout autres que les idées modernes, exige non seulement que la possession soit exempte de tous vices, mais encore qu'elle se soit prolongée *majore parte anni*. Il faut pour triompher dans l'interdit *utrubi* avoir possédé, sinon plus de six mois, au moins plus longtemps que son adversaire dans l'année qui précède la délivrance de l'interdit. (Gaius, Comm. IV, § 150 et 152; 156, *de verborum significatione*.)

Quel sera l'effet du triomphe remporté par le donataire dans l'interdit *utrubi*? Il recouvrera la possession, mais non la propriété de la chose donnée. Par conséquent le donataire peut revendiquer contre lui; mais il pourra alors opposer à cette revendication l'exception *legis Cinciæ*.

À raison des principes Romains sur *l'accessio possessionum* qui permettent au donataire de joindre à sa possession celle du donateur dans l'interdit *utrubi* (Gaius, Comm. IV, § 151), on peut se demander comment il pourra arriver que le donataire ne triomphe pas nécessairement dans l'interdit *utrubi*. Il peut en effet joindre à sa possession la possession du donataire son auteur; sa possession sera donc toujours plus prolongée que celle de celui-ci. Mais je crois qu'il faut admettre que le donataire ne peut point invoquer *l'accessio possessionum* contre son auteur. Ce serait contraire à la nature des choses et à l'antinomie qui par suite du procès, s'établit entre ces deux possessions.

D. *Res mancipi mobiles.*

Outre les conditions que nous venons de voir et exigées pour la *perfectio* de la donation d'une chose mobilière *nec mancipi*, il faut, s'il s'agit d'une chose mobilière *mancipi*, qu'il y ait eu mancipation ou usucapion accomplie. La donation ne sera donc parfaite que lorsqu'il y aura eu tout à la fois : 1° Mancipation, cession *in jure* ou usucapion; 2° Tradition; 3° Possession prolongée *majore parte anni*. Si l'une de ces trois conditions manque, l'effet de la donation pourra être révoqué.

1° Si le donateur n'a pas transféré la propriété de la chose, il a la revendication qui, comme au cas de donation d'un immeuble *mancipi*, deviendra efficace au moyen de la *replicatio legis Cinciæ*. La revendication ne cessera d'être possible qu'après que le donataire aura usucapé la chose, comme cela lui est possible, la donation contraire à la loi *Cincia* constituant néanmoins une *justa causa*. Mais il lui faudra dans ce cas une possession distincte de celle de son auteur et suffisante à elle seule pour produire l'usucapion. *L'accessio possessionum* n'est pas possible ici puisqu'il s'agit d'une usucapion destinée à compléter une aliénation faite par un mode insuffisant pour produire à lui seul cet effet, et non à rendre inattaquable un transport de propriété fait *a non domino*. Du reste la possession du donataire qui par hypothèse était propriétaire, n'est point une possession à prendre en considération pour l'usucapion.

2° Si la chose *mancipi* mobilière a été mancipée et non livrée, le donateur pourra encore, comme pour la donation d'un immeuble *mancipi*, opposer à la revendication du donataire une exception *legis Cinciæ*.

3° Si la chose avait été mancipée et livrée, la donation resterait *imperfecta* tant que le donataire n'aurait pas une possession qui lui assurât le triomphe dans l'interdit *utrubi*. Peu importe, du reste, que la tradition ait précédé ou suivi la mancipation, pourvu que la possession puisse compter et être invoquée dans l'interdit *utrubi*.

Nous avons jusqu'à présent supposé avec les textes, que le donateur avait sur la chose le droit le plus plein qu'il puisse avoir, le *dominium ex jure Quiritium*, s'il s'agit d'une chose susceptible de propriété romaine. Qu'arriverait-il dans l'hypothèse d'une donation faite par un individu qui n'aurait la chose que *in bonis*, si cette donation dépassait le *modus legitimus*? Quel serait, dans ce cas, l'effet de la loi *Cincia?* S'il s'agit d'un meuble, il me semble que le donateur pourrait invoquer l'interdit *utrubi*, comme s'il avait eu le *dominium ex jure Quiritium*, pourvu qu'il ait possédé *majore parte anni*. Le préteur, pour délivrer l'interdit, s'attache au fait de la possession et non point à la nature du droit de propriété. Aurait-il l'action Publicienne pour reprendre les choses mobilières ou immobilières qu'il aurait livrées? Sur ce point, les textes paraissent complétement muets. On peut dire, pour la lui refuser, que sa possession n'est pas la même que celle du *dominus ex jure Quiritium*, qui a fait la tradition sans opérer le transport de propriété. Celui-ci garde le *nudum dominium*, tandis qu'en faisant la tradition, le *bonitarius* éteint complétement son droit. D'un autre côté, l'action Publicienne remplace pour le *bonitarius* la revendication du *dominus ex jure Quiritium*, et le droit prétorien a cherché à assimiler autant que possible ces deux situations. Il serait donc plus conforme aux principes, de reconnaître au donateur le droit d'exercer dans cette hypothèse l'action Publicienne jusqu'à l'usucapion par le donataire, et l'exception *rei donatæ et traditæ* serait ici encore paralisée par une *replicatio legis Cinciæ*.

La donation pourrait aussi avoir pour objet un démembrement du droit de propriété. Je ne parlerai pas ici de la donation d'un usufruit ou d'une autre servitude personnelle. C'est une question de savoir si la loi *Cincia* y est applicable, et j'en réserve la discussion pour la troisième partie de cette étude. Quant à la donation d'une servitude prædiale, il faut appliquer des règles analogues à celles que nous avons vues pour la donation par transport de la pleine propriété. Si la servitude n'est point entièrement et légalement constituée, le donataire verra l'action confessoire qu'il intenterait, repoussée par l'exception *legis Cinciæ*. De même, le donateur pourrait intenter l'action négatoire pour recouvrer la liberté absolue de son fonds.

Si la donation avait été faite avec une clause de constitut possessoire, la loi *Cincia* fournirait au donateur par cela même qu'il serait en possession, une exception contre la demande du donataire. Il faut qu'il soit poursuivi pour que la donation soit complétement réalisée. Il pourra donc, contre cette poursuite, invoquer l'exception *legis Cinciæ*.

Du reste, en général, toutes les fois que le donateur aura à son service un moyen d'action ou de défense qui, par suite des améliorations introduites dans le droit Romain, ne serait plus suffisant en droit commun, la loi *Cincia* fera revivre cette action ou ce moyen de défense. Nous trouvons dans le § 259 des fragments du Vatican une application assez curieuse de ce principe.

Une femme qui n'était pas autorisée de son tuteur, avait fait à un Latin donation d'un immeuble stipendiaire avec les objets qui le garnissaient. Cette donation dans l'espèce n'était pas faite *mortis causâ*. En effet, une disposition des lois Caducaires enlevait au Latin Junien le *jus capiendi* (Ulpien, Règles, 47 § 1), à moins qu'il n'acquît le droit de cité dans les cent jours. Une jurisprudence très-prononcée assimilait aux legs les donations *mortis causâ*. C'est pourquoi dans notre espèce, le texte insiste sur ce point qu'il s'agissait d'une donation entre vifs. Le fonds faisant l'objet de cette donation, avait été donné *instructus*, c'est-à-dire avec tous les meubles et les objets mobiliers qui le garnissaient, entr'autres les esclaves et les troupeaux. Il n'était, du reste, intervenu pour réaliser la donation, qu'une simple tradition. La donation ainsi faite, est-elle *perfecta?*

Il faut distinguer : la donation ainsi faite est certainement parfaite pour l'immeuble et les meubles *nec mancipi* qui le garnissent. Mais les *res mancipi* n'ont pu être usucapées, la femme ne pouvant *sine auctoritate tutoris* aliéner ou permettre d'usucaper les *res mancipi* qui lui appartiennent. (Gaius, Comm. ɪ. § 192). Celle-ci pouvait donc les revendiquer. Dans l'espèce du § 259, ce n'était point la femme elle-même qui revendiquait, mais ses héritiers. Ils devaient, en définitive, être repoussés par une duplique de dol, leur auteur n'ayant pas changé de volonté.

Dans cette espèce, du reste, il faut supposer une tutelle non légitime où l'*auctoritas* du tuteur n'était point exigée sérieusement à peine de nullité, et où la femme pouvait forcer le tuteur à interposer son *auctoritas* (Gaius, Comm. ɪ. § 190.) qui n'était exigée que pour la forme, *dicis gratiâ*. Si en effet, il s'agissait d'une hypothèse où l'*auctoritas* fut exigée d'une manière absolue, la donation serait absolument nulle. La femme et ses héritiers eux-mêmes n'auraient pas besoin d'exciper de la loi *Cincia*, et on ne pourrait opposer à ceux-ci la maxime : *Cincia morte removetur*. Il leur suffirait d'invoquer la nullité de la donation. Mais l'*auctoritas* du tuteur n'étant pas sérieuse, il n'y a dans l'absence du tuteur à la donation que la violation d'une simple condition de forme purement arbitraire. En conséquence, si cette donation d'une *res mancipi* émanant d'une femme non autorisée, avait été faite *inter exceptas personas* ou *intra modum Cinciæ*, elle serait, d'après les règles du droit commun, parfaite par la tradition. Mais si la donation dépasse le *modus legitimus inter personas non exceptas*, cette absence d'*auctoritas*, sans effet dans les hypothèses ordinaires, reprend toute son importance par l'application de la loi *Cincia*. La femme pourra intenter la revendication qui triomphera par l'effet de la *replicatio legis Cinciæ*; mais cet effet sera limité à sa personne et ne passera point à ses héritiers. Du reste, la femme n'aurait pas besoin d'invoquer cette irrégularité de forme, si elle pouvait encore exercer l'interdit *utrubi* ou un autre moyen d'action.

§ II. Donation par voie de promesse.

Entre personnes non exceptées, la donation qui excède le *modus* de la loi *Cincia*, ne se parfait pas par la simple stipulation faite par le donataire et suivie d'une promesse du donateur. La donation ainsi faite n'est obligatoire qu'autant qu'il n'y a pas contravention aux dispositions de la loi *Cincia*; mais lorsque cette contravention existe, le donateur peut, tant que la promesse n'a pas été exécutée, repousser l'action *ex stipulatu* du donateur par l'exception *legis Cinciæ* ou l'exception *in factum : Si non donationis causâ promisi me daturum.*

Lors même que le donateur aura exécuté sa promesse, la loi *Cincia* sera encore applicable dans tous les cas où elle le serait si la donation avait été réalisée par voie réelle sans promesse antérieure. Ainsi le donateur pourra révoquer le bénéfice de la donation ou se refuser à la réaliser : 1° Quand il aura transféré seulement la propriété sans avoir fait la tradition ; 2° Quand il n'aura mis le donataire qu'en possession sans lui transférer la propriété ; 3° Quand, après avoir transféré tout à la fois la propriété et la possession de la chose au donataire, il pourra néanmoins encore en recouvrer la possession par l'interdit *utrubi.*

Il y a plus. Lorsque la donation a été faite par voie de promesse, et que l'exécution de cette promesse est réalisée, la loi accorde quelquefois au donateur une protection spéciale. Cette protection est fondée sur l'application à la donation par voie de promesse des règles particulières relatives aux obligations. Ulpien en donne l'indication dans le § 266 des fragments du Vatican : « *Indebitum solutum accipimus non solum si omnino non debebatur, sed et si per aliquam exceptionem peti non poterat, id est perpetuam exceptionem : quare hoc quoque repeti poterit, si quis perpetuâ exceptione tutus solverit. Unde si quis contra legem Cinciam obligatus non excepto solverit, debuit dici repetere eum posse: nam semper exceptione Cinciæ uti potuit.* » Il résulte de ce texte que le donateur, même la donation entièrement exécutée, peut avoir un recours contre le donataire au moyen d'une *condictio ,* à l'effet de se faire retransférer la propriété de la chose qu'il a donnée.

Quelle est la nature de cette *condictio?* Selon moi, c'est une *condictio indebiti* pure et simple, la suite des idées du texte le fait très bien ressortir. Ulpien indique d'abord dans quel cas il y a paiement de l'indu et il fait ensuite l'application du principe par lui posé à l'hypothèse de la donation contraire à la loi *Cincia*. La *condictio* donnée dans ce cas est fondée sur ce qu'il y a paiement de l'indu, *indebitum solutum*, lorsqu'un débiteur protégé par une exception perpétuelle, a payé sans opposer cette exception. C'est dans le même sens que la loi 55, ff, *de verborum significatione*, dit: *Creditor is est qui perpetuâ exceptione summoveri non potest.*

La *condictio indebiti* n'est admise au profit du débiteur qui a payé sans opposer une exception perpétuelle, qu'autant que cette exception ne laissait pas subsister une obligation naturelle et n'est pas donnée seulement *odio creditoris.* (40, P., ff *de condictione indebiti.*) Il faut donc conclure de ce que la *condictio indebiti* est admise ici que l'exception *legis Cinciæ* est donnée non point *odio creditoris,* mais *favore debitoris.*

Il faut encore conclure de ce caractère de *condictio indebiti* que nous avons reconnu à ce mode de protection pour le donateur, que la répétition ne sera pas admise si le donateur a payé *sine errore.* Le silence de notre texte sur ce point ne peut pas être regardé comme un argument en sens contraire. En effet le § 266, extrait d'un ouvrage d'Ulpien, *de rebus creditis* dans lequel il ne devait parler que très incidemment de de la loi *Cincia*, n'a point la prétention de traiter dans les quelques lignes qu'il renferme de toutes les conditions générales de la *condictio indebiti*. Il indique seulement une application de cette *condictio* à l'hypothèse de la loi *Cincia*. Il se demande seulement si, les autres conditions générales requises pour la *condictio indebiti* existant d'ailleurs, elle sera admise dans le cas où le débiteur était protégé par une exception *legis Cinciæ*.

Certains auteurs permettent néanmoins au donateur d'exercer cette *condictio* indépendamment de toute erreur. Ils invoquent en ce sens, outre notre § 266, les lois 21 § 1 , ff, *de donationibus* et 5 § 5 , ff, *de doli mali et metûs exceptione*, que nous chercherons à expliquer plus loin. Cette opinion tend à transformer la *condictio* reconnue par Ulpien au profit de celui qui a payé sans opposer l'exception *legis Cinciæ* en une *condictio ex injustâ causâ*, et le texte du § 266 condamne énergiquement cette substitution. Au point de vue des principes, cette transformation n'est pas moins inexacte, puisque la donation contraire à la loi *Cincia* constitue néanmoins une *justa causa ad usucapiendum*.

La doctrine que nous combattons méconnaît aussi l'effet ordinaire et normal de la loi *Cincia* qui aboutit simplement à exiger dans certains cas des conditions un peu plus compliquées pour la *perfectio donationis*, sans créer, en aucun cas, d'action nouvelle lorsque la donation a été complétement exécutée. Il faut donc bien se garder d'assimiler à ce point de vue la donation contraire à la loi *Cincia*, à la donation entre époux ou à celle qui, dépassant cinq cents solides sous Justinien, n'aurait pas été insinuée. Dans ces deux dernières espèces de donations, la propriété n'est pas transférée, tandis que ce résultat se produit dans l'hypothèse d'une donation excédant le *modus Cinciæ* puisque le donateur n'a qu'une *condictio* et non point une revendication. En outre, il me paraît évident que si le donateur exécute sa promesse en connaissance de cause, sachant qu'il peut se refuser à l'exécuter, la situation doit être la même que s'il n'y avait pas eu de promesse préalable. Le donateur qui a volontairement et sciemment exécuté sa promesse, n'aura donc pas, à mon avis, plus d'action pour recouvrer sa chose que si l'acte translatif de propriété avait été fait directement et sans l'intervention d'une stipulation.

Cette nécessité d'une erreur reconnue, je ne discuterai pas si elle doit consister en une erreur de fait, ou si ce peut être une erreur de droit. C'est là, on le sait, une matière très-riche en difficultés. En général l'erreur de fait est seule admissible. L'erreur de droit ne serait prise en considération que si elle était invoquée par une femme, un mineur, ou un militaire et en général un homme qui n'est pas *propriâ scientiâ instructus* ; elle ne pourrait jamais être invoquée de la part d'un jurisconsulte (10 et 11, C. *de juris et facti ignorantiâ;* 9, P. et § 5, ff, *de juris et facti ignorantiâ*). Ce sont, je crois, les principes qu'il faut appliquer ici. Quant à l'erreur de fait, qui donne en général naissance à la *condictio indebiti*, elle peut être extrêmement diverse. Elle peut porter sur la qualité même de la personne, le donateur aura cru que le donataire était une personne exceptée ; sur le point de savoir si la donation est inférieure au *modus Cinciæ*, etc. L'erreur sur ce dernier point, se comprend très-bien, même dans le système qui admet que la loi *Cincia* aurait procédé par la fixation d'un taux toujours le même, quel que fût le patrimoine du disposant. Le donateur a pu, par erreur, se figurer que la chose donnée n'avait pas une valeur égale au chiffre précis fixé par la loi.

Cette répétition accordée au donateur pour le cas où il y a une promesse faite et exécutée nonobstant la loi *Cincia*, ne doit pas être étendue au cas où la réalisation de la donation est intervenue sans promesse antérieure, mais néanmoins par suite d'une cause obligatoire, abstraction faite de la loi *Cincia*. Ainsi par exemple, j'ai mancipé une *res mancipi* indépendamment de toute promesse et à titre de donation. Si je la livre ensuite, sur la demande du donataire, je n'aurai pas la *condictio indebiti*. En effet, une *condictio indebiti* est une action en répétition d'une chose qui n'est pas due et qui a été payée comme due par erreur. Dans notre espèce le donateur, en faisant la tradition, n'exécute pas une promesse, une obligation. Il ne fait que reconnaître le droit de propriété préexistant du donataire. La répétition reconnue au profit du donateur dans les cas où la *condictio indebiti* peut s'exercer, ne lui est donc pas applicable.

§ III. Donation par voie de remise de dette.

La donation par voie de remise de dette, peut s'effectuer par une acceptilation ou par un pacte *de non petendo*. Elle est en principe parfaite, lorsqu'un de ces deux faits juridiques est intervenu. En est-il encore de même lorsque la valeur de la dette ainsi remise dépasse le *modus legitimus*.

Lorsque l'acceptilation est intervenue, la créance est éteinte et le donateur n'a plus d'action. Le donataire pour repousser sa demande *ipso jure* n'a qu'à établir que sa libération a été opérée par ce mode. En conséquence, la remise de dette ainsi réalisée, à titre de donation, sera parfaite, alors même qu'elle excéderait le taux de la loi *Cincia* (**2**, **C**, *de acceptilationibus*).

Mais si le créancier, sans employer les formes solennelles de l'acceptilation, s'est contenté de faire avec le débiteur, qu'il veut gratifier, un pacte de remise, un pacte *de non petendo*, on sait que l'action n'est point détruite *ipso jure*, qu'elle peut seulement être repoussée par une exception *pacti conventi*. Dans ce cas il est donc évident, que si le créancier donateur ne persévère pas dans son intention de libéralité, il pourra, pour la révoquer, intenter son action et lui donner effet au moyen d'une *replicatio legis Cinciæ* paralysant l'exception *pacti conventi*.

Il n'y a pas, que je sache, dans les fragments du Vatican, de textes authentiques et complets relatifs à cette hypothèse d'une remise de dette, à titre de donation, effectuée par un pacte *de non petendo* et contraire à la loi *Cincia*. Dans la compilation Justinienne, un texte de Papinien (ɪ. § 1, ff, *Quibus modis pignus vel hypotheca solvitur)* me semble pourtant relatif à cette hypothèse. Papinien y parle d'une donation nulle *quibusdam modis*, et il est peu probable qu'il eut, pour caractériser la cause de la nullité d'une donation, employé des termes aussi vagues. Il avait sans doute mis *lege Cinciâ* et les commissaires de Justinien, sous lequel la loi *Cincia* n'était plus en usage, ont ainsi remplacé ces mots.

Cujas *(ad Papiniani responsa*, loi *Debitoris ab-sentis*, § *Cum venditor, Quibus modis pignus)* sans nier que ce texte puisse s'expliquer en supposant une donation supérieure au taux de la loi *Cincia*, se refuse à faire la rectification que nous indiquons. Il étend les dispositions de cette loi à tous les cas de nullité des donations et notamment au cas où un individu fait une donation après avoir commis un *crimen capitale*. Cette donation est nulle aux termes d'une constitution de Sevère et Antonin, dont parle la loi 15, ff, *de donationibus : Post contractum capitale crimen donationes factæ non valent.* C'est dans cette hypothèse que se place *Cujas*, pour expliquer le texte de Papinien, et il se fonde notamment sur ce que dans ce texte le fisc succède au donateur

Mais cette explication me paraît peu vraisemblable. Si Papinien avait visé cette hypothèse, il n'aurait pas dit que la donation était nulle *quibusdam modis*, et les rédacteurs du Digeste n'auraient point eu à retoucher la rédaction qu'il donnait. Avec notre explication au contraire, on comprend très-bien qu'il ait mis *lege Cinciâ* et que ces mots aient été remplacés par Justinien. En outre, il doit bien s'agir d'une donation qui ne sera complétement valable qu'après la mort du donateur, et sur laquelle sa volonté peut avoir une certaine influence. Ce texte dit en effet *defuncto eo* et *primâ voluntate donationis*. Pourquoi appuyer sur ces divers points s'il ne s'agissait pas d'une donation contraire à la loi *Cincia* et dans laquelle le changement de volonté du donateur peut permettre à ses héritiers d'opposer cette loi. Enfin le texte porte que la nullité de la donation provient d'une loi, *lex facit*. Papinien n'aurait pas parlé en ces termes qui s'appliquent parfaitement à la loi *Cincia* d'une décision de Septime-Sévère et de Caracalla tout à fait contemporaine. Il aurait dit *oratio divi Severi, constitutio* ou un autre mot désignant exactement la constitution impériale.

Notre **texte** suppose donc un vendeur qui a fait remise à l'acheteur par lettre d'une partie de son prix garanti par une hypothèque et supérieur au taux de la loi *Cincia*. En lui faisant remise du prix, il lui a fait virtuellement remise de l'hypothèque qui en garantissait le paiement. Il meurt ensuite et, pour une raison qui importe peu, laisse pour héritier le fisc. Celui-ci peut-il se faire payer le prix ainsi remis et invoquer dans ce but l'hypothèque. Il faut en fait supposer que le donateur n'a pas jusqu'à sa mort persévéré dans sa volonté. Autrement il n'y aurait pas de question possible pour l'hypothèque, puisque le fisc héritier ne pourrait réclamer le paiement du prix sans se voir opposer la maxime : *Cincia morte removetur*.

Dans ces circonstances le texte décide relativement à l'hypothèque que, malgré l'imperfection et la révocation de la donation du principal, elle ne peut plus être invoquée. En effet une remise d'hypothèque ne se traduisant pas par un appauvrissement correspondant à un enrichissement, ne constitue pas une donation. (18, ff, *Quæ in fraudem creditorum*.) Elle ne peut donc être atteinte par l'application de la loi *Cincia*. De même si cette remise d'hypothèque intervenait entre époux, elle serait valable malgré la prohibition dont étaient frappées les donations entre époux.

On oppose à notre texte et à la solution que nous en tirons relativement à l'hypothèque, un texte du Code (5, C., *de remissione pignoris*), où la nullité d'une remise de dette faite par un pacte *de non petendo*, entraîne la nullité de la remise de l'hypothèque garantissant la dette. Mais dans ce texte, on est par hypothèse en présence d'un pacte nul, *pacti conventionem inutiliter factam*. Il est évident qu'on ne peut point diviser les effets du pacte et en prononcer la nullité relativement à la remise de dette et non relativement à l'extinction de l'hypothèque.

Si la donation faite par voie de remise de dette et par simple pacte, avait pour objet un droit litigieux ou était faite à un débiteur insolvable, faudrait-il pour savoir si le montant de la libéralité excède le *modus legitimus*, en examiner la valeur réelle ou la valeur nominale? Il me semble que c'est plutôt à cette dernière valeur qu'il faut s'attacher. L'insolvabilité du débiteur peut plus tard disparaître et néanmoins la remise empêcherait toute poursuite d'une manière absolue. De même la contestation élevée contre un droit ne lui enlève pas en lui-même la valeur qu'il a, et ce serait trop souvent donner un moyen de plus de frauder la loi *Cincia*, si on prenait en considération l'existence du litige.

§ IV· Donation par voie de cession d'action.

Les textes sont muets sur la manière dont devient parfaite une donation par voie de cession d'action contraire à la loi *Cincia*. Nous devons appliquer ici le principe que la donation pourra être révoquée, tant qu'elle n'aura point été complétement réalisée. La donation par voie de cession de créance ne sera donc parfaite que lorsque le donataire constitué *procurator in rem suam* aura reçu la créance ou qu'il y aura eu *litis contestatio* entre lui et le débiteur. Si le donataire venait à mourir avant cette époque, la *pro-curatio in rem suam* qui n'est qu'une variété du mandat, s'évanouirait en droit commun. A plus forte raison devra-t-on appliquer cette règle au cas où la donation ainsi réalisée excède le taux de la loi *Cincia*. Si le donateur venait à mourir avant la *litis contestatio*, les héritiers pourraient avoir le même droit. Mais si le donateur avait persévéré jusqu'à sa mort dans son intention de donner, ils verraient leur prétention repoussée par application de la maxime : *Cincia morte removetur*.

§ V. Donation par voie de délégation.

La donation par voie de délégation s'opère dans les circonstances suivantes. Voulant faire une donation à Primus et ayant un créancier, j'ordonne à ce créancier de s'engager envers Primus ; ou si Primus est débiteur d'un tiers, je me substitue à lui dans les liens de cette obligation. Dans ces deux hypothèses la donation est, abstraction faite de la loi *Cincia*, parfaite aussitôt que mon débiteur s'est engagé envers Primus ou que je suis engagé envers son créancier. Quel sera l'effet des dispositions de la loi *Cincia* dans cette matière si la donation ainsi réalisée viole sa prohibition ?

Nous ne trouvons pas sur ce point de décision authentique dans les textes que les fragments du Vatican, nous ont conservés vierges de toute altération Justinienne. Mais les principes doivent ici encore nous conduire à la solution.

Si, comme le font très-souvent les jurisconsultes romains, on part de l'idée que la délégation n'est qu'un double paiement, on arrive à repousser complétement dans cette hypothèse l'application de la loi Cincia. Le délégué est réputé avoir payé le déléguant et avoir ensuite reçu du délégataire la somme qui a fait naître son obligation. On devrait donc dire que toutes les fois que la donation n'aura pas eu lieu en vertu d'une promesse de donation antérieure, la donation réalisée par ce moyen sera parfaite par le seul effet de la délégation. Cette doctrine peut jusqu'à un certain point s'appuyer sur la loi 2, § 2, ff *de donationibus.*

Cette solution qui semblerait devoir résulter sans conteste des principes est fort contrariée par deux textes empruntés à la compilation de Justinien les lois 21 § 1, ff *de donationibus* et 5 § 5, ff, *de doli mali et metûs exceptione.*

Le premier de ces textes (21 § 1, ff, *de donationibus*) suppose une donation supérieure au taux de la loi *Cincia* et réalisée par voie de délégation au donataire d'un débiteur du donateur. Elle refuse formellement au débiteur délégué l'exception *legis Cinciæ* contre le donataire. Mais elle accorde au donateur, si le paiement n'a pas été fait, une action rescisoire pour tout ce qui excède le *modus legitimus*, Si le délégué a effectué le paiement elle accorde au donateur contre le donataire une *condictio* ayant le même objet.

A l'égard du débiteur auquel le texte refuse le droit d'invoquer l'exception *legis Cinciæ*, la loi 21 § 1 est en conformité absolue avec la solution que nous avons donnée et elle se fonde sur le même motif, à savoir que la délégation est un double paiement, *quia perinde sum quasi exactam a debitore meo summam tibi donaverim et tu illam ei credideris.* Le créancier donateur est censé avoir reçu du débiteur le montant de la créance, l'avoir remis au donataire, qui l'aurait ensuite prêté au débiteur. S'il y avait eu véritablement ces opérations, il est incontestable que le débiteur ne pourrait opposer au donataire l'exception *legis Cinciæ*. Ce serait envers lui en effet qu'il se serait directement obligé en vertu du *mutuum* à lui fait et alors que la donation serait pleinement réalisée.

Ce texte, nous tenons à le dire incidemment, n'est pas en contradiction avec le caractère populaire que nous avons reconnu à la loi *Cincia*. Cela résulte en effet de l'explication même que nous donne Celsus, l'auteur de ce texte. Le délégué n'est pas obligé *ex donatione* envers le donataire, comme l'est par exemple un fidéjusseur. La donation a en quelque sorte disparu dans une opération plus complète et il est obligé en vertu du prêt qui est censé lui avoir été fait.

Dans les rapport du déléguant avec le délégué ou le délégataire, le texte donne une solution qui est en opposition complète avec tout ce que nous avons vu jusqu'ici sur la loi *Cincia*. Il accorde deux actions qui naissent suivant les circonstances contre le délégué ou contre le délégataire. Mais la loi *Cincia* ne donne jamais d'action : elle utilise seulement certains moyens juridiques en leur donnant efficacité au moyen d'une exception ou d'une réplique. L'action donnée contre le délégataire pour la restitution de ce qui dépasse le *modus legitimus* est aussi contraire que possible à la règle de la loi 18, ff, *de fidejussoribus :* « *Qui debitorem suum delegat, pecuniam dare intelligitur.* »

A un autre point de vue ce texte n'est pas moins contraire à tout ce que nous avons vu jusqu'ici. En effet ni l'action rescisoire donnée contre le délégué, ni la *condictio* accordée contre le délégataire n'ont pour objet dans ce texte l'intégralité des valeurs données, mais seulement ce qui dépasse le *modus legitimus*, *in id quod supra legis modum promisit, in hoc quod legis modum excedit*. C'est complétement en désaccord avec les principes du droit classique et notamment avec la loi 5 § 2, *de doli mali et metûs exceptione*, au Digeste. Il y a donc évidemment dans ce texte une interpolation des compilateurs. Sous Justinien en effet la donation non insinuée qui dépasse cinq cents solides est valable jusqu'à concurrence de cette somme, mais nulle *ipso jure* pour tout ce qui excède et la loi 21 § 1 s'explique très-bien dans cette hypothèse, avec cette observation qu'elle n'a point voulu prononcer *ipso jure* à l'égard du délégué la nullité de la délégation. On ne pourrait admettre en effet qu'ayant payé une première fois au délégataire, il soit obligé de nouveau à rembourser au donateur ce qui excédait le *modus legitimus*.

Mais dans le droit classique et sous l'empire de la loi *Cincia*, en présence des principes que nous avons posés, la doctrine de ce texte, telle que le donne le Digeste, nous paraît inadmissible. Il y a là une interpolation certaine, faite par les commissaires de Justinien pour adapter ce texte à la législation contemporaine. Il n'est guère présumable du reste que la deuxième partie soit l'œuvre tout entière des commissaires de Justinien. Ils adoptent plutôt d'ordinaire un procédé de compilation fantaisiste avec des variantes qu'ils adaptent. Peut-être peut-on conjecturer que Celsus dans le texte original supposait une délégation intervenant pour le paiement d'une promesse antérieure faite *donationis causâ* et supérieure au *modus Cinciæ*.

Il accordait au donateur qui aurait fait la délégation par erreur une *condictio indebiti* semblable à celle que nous lui avons reconnue lorsqu'il a payé par erreur. C'est toujours une conséquence de l'assimilation de la délégation à une double paiement.

Un autre texte, émanant du jurisconsulte Paul, la loi 5 § 5, ff, *de doli mali et metûs exceptiòne*, qui se place dans l'hypothèse inverse de la précédente, un donateur qui, pour faire une donation supérieure au *modus legitimus*, se fait déléguer à un créancier du donataire, doit être expliqué de la même façon. Le donateur délégué ne peut opposer l'exception *legis Cinciæ* au créancier délégataire; mais, d'après ce texte, le donateur a le droit d'intenter une *condictio* contre le donataire qui a profité de la délégation. La solution donnée par rapport au créancier est en conformité avec notre opinion. Ce n'est du reste que l'application du principe que les exceptions opposables par le délégué au déléguant ne sont point en général opposables au délégataire. Mais la *condictio* reconnue par le texte au profit du donateur est entièrement contraire aux principes. C'est encore ici une interpolation ou une suppression de Justinien qui, on peut le conjecturer, aura remanié ou effacé la mention relative à une promesse antérieure.

A l'époque classique la formule de la *perfectio* de la donation contraire à la loi *Cincia* et réalisée par voie de délégation, doit donc être, ces deux textes étant écartés, que la donation même supérieure au *modus legitimus* est parfaite par la simple délégation.

Nous avons encore dans ce chapitre relatif à la sanction de la loi *Cincia* quelques explications à donner

relativement aux donations universelles et aux donations indirectes, déguisées ou faites par personne
interposée.

Les donations universelles excédant le taux de la
loi *Cincia* exigeront pour leur perfection, l'emploi
cumulé des divers procédés que nous avons examinés
jusqu'ici suivant la nature des choses comprises dans
la donation. Il pourra très-bien arriver qu'une semblable donation soit parfaite à l'égard de quelques-unes
des choses qu'elle comprend, et ne le soit point à l'égard
des autres. Le § 293 des *Fragments du Vatican*,
nous donne un exemple d'une semblable hypothèse,
dans laquelle une donation comprenant plusieurs objets
est parfaite à l'égard de quelques-uns sans l'être à
l'égard des autres. La donation universelle entraîne
l'obligation de payer les dettes du donateur (28, ff,
de donationibus); si par l'effet de la loi *Cincia* elle
était révoquée pour partie, il devrait vraisemblable-
ment y avoir une division proportionnelle des dettes
entre le donateur et le donataire.

Pour les donations indirectes, déguisées ou faites
par personnes interposées, quelles sont les règles à
appliquer lorsqu'elles sont contraires à la loi *Cincia?*
Les donations indirectes ou déguisées pourraient avoir
été précisément employées pour éluder la loi *Cincia*.
Il pourrait en être de même dans le cas où la donation
est faite par personne interposée, si la personne interposée est exceptée et que le donataire ne l'est pas.
C'est sans doute à ces infractions détournées de la loi
Cincia, que le jurisconsulte Paul faisait allusion dans
la loi 29, ff, *de legibus*, extraite de son Traité de
la loi *Cincia, liber singularis ad legem Cinciam :*

« *Contra legem facit qui id facit quod lex prohibet; in fraudem vero qui salvis verbis legis sententiam ejus circumvenit.* » Il nous suffit, du reste, d'appliquer à ces donations, le principe qu'elles ne seront parfaites qu'autant qu'elles seront réalisées complétement et que le donateur n'aura aucun moyen de recours contre le donataire véritable.

Ce principe devrait à mon avis permettre au donateur de revendiquer la chose par lui donnée dans l'hypothèse suivante : Primus veut faire à Tertius une donation par l'entremise de Secundus, personne interposée. Il donne en conséquence sa chose à Secundus pour que celui-ci fasse bénéficier Tertius de cette libéralité. Secundus au lieu d'exécuter textuellement le mandat et de donner la chose à Tertius au nom de Primus, la donne en son nom propre. La propriété n'est pas transférée dans la rigueur du droit, puisqu'il n'y a pas de la part du donateur et donataire intention réciproque d'aliéner et d'acquérir portant sur le même point. Primus a voulu transférer la propriété à Tertius, et celui-ci a cru la recevoir de Secundus. Primus peut donc en droit strict, revendiquer contre Secundus qui n'est pas devenu propriétaire. Mais s'il intentait cette revendication, on ferait fléchir les principes rigoureux du droit devant cette considération qu'en définitive c'est Tertius que le donateur voulait gratifier de la chose, et que la petite irrégularité commise par Secundus importe peu au point de vue du résultat obtenu. Cette revendication serait donc repoussée par une exception *doli mali*. (25, ff, *de donationibus*). « *Benignius erit, si agam contra eum qui rem accepit, exceptione doli mali me summoveri.* » Il y donc ici une donation parfaite par application des principes d'équité, quoiqu'il n'y ait pas eu transport de propriété.

Si dans les mêmes circonstances nous faisons intervenir la loi *Cincia*, il me semble que le résultat ne serait plus le même. La loi *Cincia* a pour effet de faire revivre au profit du donateur, les actions qui, fondées dans la rigueur du droit, sont repoussées en pratique par des considérations d'équité. C'est donc ici le cas de faire intervenir et d'appliquer la loi *Cincia*. Le donateur revendiquant contre le donataire la chose par lui donnée paralysera l'exception de dol par une *replicatio legis Cinciæ*.

CHAPITRE II

Des personnes exceptées.

La loi *Cincia* n'étendait point ses prohibitions de donation entre toutes personnes. Elle avait excepté formellement une certaine catégorie de personnes entre lesquelles existent des liens naturels ou civils qui motivent suffisamment la donation, et permettent de l'affranchir des conditions de formes auxquelles aboutit la loi *Cincia*. Ces personnes exceptées sont : 1° Certains cognats; 2° Certains alliés; 3° Les pupilles; 4° Les parents en cas de donation *mortis causâ;* 5° Le patron.

1° *Les cognats.* Etaient exceptés des prohibitions de la loi *Cincia* tous les cognats jusqu'au cinquième degré inclusivement et au sixième, le cousin issu de germains, le *sobrinus* et la *sobrina.* (F. v, § 298 et 299.) On excepte tous les cognats, abstraction faite du lien de l'agnation, et sans distinguer entre les cognats issus *ex justis nuptiis* et ceux qui sont nés d'une autre union reconnue ou non, pourvu que la parenté fut certaine. L'exception s'étendrait à ceux qui sont cognats, parce qu'ils se trouvent dans la famille par l'effet d'un lien civil tel que l'adoption, l'adrogation ou la *manus*. L'agnation en effet emporte la cognation. Mais l'exception ne durerait pas plus longtemps que le lien artificiel lui-même, résultat de l'adoption, de l'adrogation ou la *manus*.

On excepte encore toutes les personnes qui sont sous la puissance, la *manus* ou le *mancipium* des cognats que nous nous venons d'énumérer (F. v, § 300). En effet, donner à ces personnes, c'est comme si on donnait au cognat lui-même, puisque c'est lui qui recueille le bénéfice de la donation.

On excepte encore tous ceux sous la puissance, le *mancipium* ou la *manus* desquels se trouvent ces cognats.

La cognation ainsi privilégiée au point de vue de la loi *Cincia*, est entendue dans un sens plus restreint que dans les autres lois qui accordaient à la parenté certains priviléges. Ainsi la loi *Furia testamentaria*, qui défendait de recevoir un legs de plus de 1000 **as**, ne comprenait point dans sa prohibition, les cognats jusqu'au sixième degré inclusivement, et au septième degré le *sobrino natus*. (F. V. § 301.) De même les cognats que le préteur appelle à la *bonorum possessio unde cognati*, ceux auxquels les lois caducaires laissaient le *jus antiquum*, ceux qui, appelés à la tutelle de leur parent impubère, ne pouvaient pas user du *jus nominandi potioris*, sont entendus de même que dans la loi *Furia testamentaria* dans un sens plus large d'un degré que dans la loi *Cincia*.

2° *Certains affins ou alliés*. Les alliés exceptés par la loi *Cincia*, sont le beau-fils et la belle-fille, le beau-père (parâtre) et la belle-mère (marâtre), le gendre et la bru, le beau-père et la belle-mère (le père et la mère du conjoint), l'époux et l'épouse, le fiancé et la fiancée (F. V. § 302). On peut donner *in infinitum* à toutes ces personnes. Il est nécessaire, du reste, pour que la loi *Cincia* ne s'applique pas, que l'alliance existe au moment de la donation. Sur ce point, la loi *Cincia* diffère de certaines lois, comme la loi Papia Poppæa, qui accordait des priviléges aux alliés, même après la dissolution du mariage.

Il y a dans l'énumération que donne le § 302, deux catégories de personnes qui sont rangées par la loi parmi les alliés, ce qui pourrait paraître assez bizarre. La loi exempte, à titre d'alliés, le mari et la femme. Mais il n'y a pas d'alliance, à proprement parler, entre le mari et la femme, c'est un lien spécial qui les unit. En outre, il y avait à Rome prohibition absolue des donations entre époux. Cette dernière difficulté disparaît, si on admet qu'à l'époque où fut portée la loi *Cincia*, les mœurs n'avaient pas encore introduit la prohibition des donations entre époux dans la législation romaine. On peut donner deux motifs à l'appui de cette conjecture. A l'époque où fut rendue la loi *Cincia*, la *manus* existait le plus souvent entre les époux et, dans ce cas, les donations entre époux étaient par la force même des choses, complétement impossibles. Le mari, en faisant une donation à sa femme, se serait donné à lui-même ; d'autre part, la femme n'ayant pas de biens propres, ne pouvait pas faire de donation. Les abus, résultant de l'excès des donations entre époux, ne s'étaient donc sans doute pas encore montrés au moment où fut rendue la loi *Cincia*. En outre à cette époque, le divorce n'était pas encore d'un usage fréquent dans les mœurs romaines, et le motif de la prohibition des donations entre époux *ne venalicia essent matrimonia* n'existait pas encore. Le jour où la jurisprudence consacra la nullité des donations entre époux, l'exception de la loi *Cincia* n'eut plus de raison d'être que pour les cas très-rares où la donation était valable entre époux. En tous cas, l'exception relative au mari et à la femme que posait la loi *Cincia*, aurait sa raison d'être dans ce cas exceptionnel.

Parmi les personnes exceptées à raison de l'alliance, le § 302 place aussi les fiancés, le *sponsus* et la *sponsa*. C'est donc qu'il y avait entre eux une espèce d'alliance, un lien véritable résultant des fiançailles. Mais cette alliance, tant que le mariage n'était point intervenu, n'existait qu'entre eux ; elle ne s'étendait point à leurs parents.

3° *Le pupille.* La loi *Cincia* ne s'appliquait pas non plus en cas de donation faite par le tuteur à son pupille. Le tuteur peut lui donner *in infinitum*, parce qu'il est assimilable à un père, *tutores quasi parentes proprii.* (F. V. § 304.) On peut se demander pourquoi ne pas étendre cette exception au tuteur honoraire, que semble exclure le texte par les mots *qui tutelam gerit.*

En sens inverse, la loi *Cincia* ne fait pas d'exception pour la donation que le pupille voudrait faire à son tuteur. En effet, le pupille ne peut pas faire de donation, même *intra modum Cinciæ.* Quant au curateur qui, au temps où fut rendue la loi *Cincia*, existait déjà pour les *furiosi* et les *prodigi*, il ne semble pas qu'il fût excepté par la loi *Cincia.* Le silence de la loi était sans doute intentionnel.

4° *Toute parenté en cas de donation dotis causâ.* La donation faite par un cognat même au delà du sixième degré, si elle est faite *dotis causâ*, échappe aux prohibitions de la loi *Cincia*. Cette exception était ainsi formulée par la loi *Cincia* : « *Si quis mulieri virginive cognatus dotem conferre volet,* » et il paraît qu'on avait discuté sur le point de savoir s'il ne fallait pas entendre cette exception à la lettre et refuser de l'étendre à la *cognata*. Cette extension était de toute équité ; néanmoins Labeon s'y refusait (F. V. § 306). Il interprétait sans doute la loi *Cincia* avec cet esprit de restriction judaïque, que la jurisprudence avait apporté dans l'interprétation des textes de la loi des douze Tables, qui consacraient des principes anciens peu en harmonie avec les idées nouvelles, notamment à propos du texte fameux : « *Si pater filium ter venum duit, filius à patre liber esto,* » qu'elle avait appliqué au fils seul.

Cette exception devait surtout présenter de l'intérêt au cas où la dot avait été constituée par une *dotis dictio* ou par une *promissio*. Du reste, si le donataire ne se mariait pas, le droit commun reprendrait son empire.

5° *Le patron.* La donation faite à un patron par ses affranchis, était aussi exceptée par les termes suivants de la loi *Cincia* : « *Si quis a servis, quique pro servis servitutem servierunt, accipit.* » Le mot *servi* s'appliquait aux affranchis, les expressions *qui pro servis servitutem servierunt* désignaient les hommes libres qui avaient été possédés de bonne foi comme esclaves (F. V. § 307). Ce sens du mot *servus*, appliqué aux affranchis, est tout à fait en accord avec un exte de Suétone (Vie de Claude), qui rapporte que dans l'ancien droit Romain, on appelait *libertus* le fils de l'affranchi.

On discutait sur le point de savoir si l'exception s'appliquait aux enfants du patron ; mais on s'accordait unanimement à reconnaître qu'elle ne s'appliquait point à la donation faite par le patron à son affranchi.

CHAPITRE III

Des donations qui échappent à l'application de la loi Cincia.

Il est certaines donations auxquelles ne s'applique point la loi *Cincia*. La loi n'avait très-probablement pas formulé elle-même ces exceptions. Mais si les dispositions de la loi étaient insuffisantes sur ce point, la jurisprudence en combla les lacunes en s'inspirant de son esprit.

Donations rémunératoires. Certains interprètes du droit Romain ont prétendu que les donations rémunératoires n'existaient pas en droit Romain, qu'elles n'y constituaient pas de véritables donations. Mais cette manière de voir est, dans sa généralité, contraire aux principes des donations entre vifs, dans lesquelles on examine moins le motif qui détermine la donation, que l'intention de donner elle-même. La décision de la loi 65 § 2, ff, *de condictio indebiti,* serait complétement inexplicable, si on ne voyait pas dans l'espèce du texte une donation rémunératoire. Paul, en effet, suppose une personne qui fait une donation à celui qu'elle croit lui avoir rendu service. Après la découverte de son erreur, elle n'a pas la *condictio indebiti, quia donare voluit.* Il faut donc voir là une donation véritable et non le paiement d'une dette. S'il y avait eu paiement, celui qui l'aurait ainsi effectué par erreur aurait la *condictio indebiti*, tandis que la donation, indépendamment du motif erroné qui l'a déterminée, est toujours suffisamment fondée sur la vue de la libéralité qu'a le donateur.

La donation rémunératoire échappait, dans certains cas, à l'application de la loi *Cincia*. Cela résulte d'un texte des sentences de Paul : « *Ei qui a latrunculis vel hostibus eripuit in infinitum donare non prohibemur.* » (Paul, *Sentences*, v, 11, § 6). Ce texte se rapporte évidemment à la loi *Cincia* puisque c'est à l'époque classique la seule disposition qui fixe une limite aux donations. Faut-il généraliser cette solution et l'étendre à toute donation rémunératrice ? Je n'oserais pas aller jusque-là, mais il me paraît difficile aussi de la restreindre au cas spécial dont parle Paul. Peutêtre peut-on dire, s'inspirant des motifs mêmes sur lesquels s'appuie le jurisconsulte dans cette décision, que toute donation rémunératoire échappera à l'application de la loi *Cincia*, si le service rendu est un service inappréciable en argent. Au contraire, lorsque le service récompensé par la donation rémunératoire est pécuniairement appréciable, le même motif ne pourrait plus être invoqué. Aussi la loi *Cincia* s'appliquerait alors, si la différence entre la valeur pécuniaire du service rendu et le montant de la donation était supérieur au *modus legitimus*. Le texte de Paul, sur lequel nous nous appuyons, est reproduit dans la compilation de Justinien (34, § 1, ff. *de donationibus*) avec des altérations profondes et qui n'étaient pas absolument nécessaires pour l'adaptation de ce texte à la législation de Justinien.

5

On fait quelquefois intervenir sur la question de savoir si toutes les donations rémunératoires échappent à la loi *Cincia* un autre texte de l'apinien (27, ff. *de donationibus*). Mais dans l'hypothèse que prévoit ce texte il ne s'agit pas d'une véritable donation. Papinien dit en effet, d'après les faits, *posse defendi non meram esse donationem*.

Donations faites in honorem ou ob causam à une cité. Les donations faites par des particuliers aux villes ou aux municipes sont parfaites par la simple pollicitation, lorsqu'elles sont faites *ob honorem decretum vel decernendum aut ob aliam justam causam.* La donation ainsi faite n'est pas soumise au taux de la loi *Cincia.* On ne se demande pas si la donation est faite *intra modum*, mais seulement si elle est faite *ob honorem.* C'est la seule question qu'on ait à se poser. (19, ff. *de donationibus*). Le motif qui justifie ici la non application de la loi *Cincia* est l'intérêt des cités auxquelles le droit Romain permet de faire des donations dans des formes qui constituent réellement un privilége pour elles. Il n'y a pas du reste grand danger à ce qu'un donateur s'appauvrisse inconsidérément dans l'intérêt d'une cité.

Donations de jouissance. Pour estimer si la valeur d'une chose donnée excède ou non le *modus legitimus*, on ne doit évaluer que le capital en lui-même, sans faire entrer en ligne de compte les fruits, revenus ou produits quelconques que le donataire a pu acquérir par la chose. *Cum de modo donationis quæritur, neque partûs nomine, neque fructuum, neque pensionum, neque mercedum ulla donatio facta esse intelligitur.* (11, ff. *de donationibus*). On pourrait être porté à conclure de ce texte que la donation de revenus ne pour-

rait jamais être soumise à une recherche ayant pour objet
de savoir si la valeur ainsi donnée excède le montant de
la loi *Cincia*. Ce résultat est partiellement justifié par la
loi 23, ff. *de donationibus* : « *Modestinus respon-
dit, creditorem futuri temporis usuras et remittere
et minuere pacto posse; nec in eâ donatione ex
summâ quantitatis aliquid vitii incurrere.* » Mais il
ne faut pas étendre cette décision à toutes les donations
ayant pour objet des revenus ou des fruits. La loi 9,
§ 1, ff. *de donationibus*, distingue formellement, en
effet, les fruits que le donataire a perçus sur la chose
donnée et ceux qui lui ont été donnés comme capital,
indépendamment de la chose. Ceux-ci devront être pris
en considération dans le calcul nécessité par le fonctionnement de la loi *Cincia*. *Si vero non fundum sed
fructûs perceptionem tibi donem, fructus percepti
venient in computationem donationis.* (9, § 1, ff. *de
donationibus*.) Je crois qu'il faut, pour concilier ces
deux textes, faire la distinction suivante : En ce qui
concerne les intérêts produits par un capital, la loi
Cincia ne s'y applique point. L'argent est en effet par
lui-même nécessairement improductif, et le donateur
n'est pas censé se dépouiller lorsqu'il fait remise des
intérêts. Si au contraire, il s'agit de fruits ou de produits
autres que les intérêts d'une somme d'argent, la loi
Cincia enveloppe dans ses restrictions la donation de
semblables objets. Le propriétaire se dessaisit de fruits
qu'il aurait dû nécessairement percevoir, et qui sont
une émanation naturelle de sa chose.

Lorsqu'il y aura donation d'un droit d'usufruit et
d'usage, il me semble donc qu'il faudra, pour l'application de la loi *Cincia*, distinguer le quasi-usufruit
ayant pour objet une somme d'argent et l'usufruit des

choses qui produisent naturellement des fruits. Ce dernier seul pourra, si sa valeur est supérieure au *modus Cinciæ*, être révoqué conformément aux règles que nous avons vues.

Si une rente viagère est constituée à titre de donation, elle sera évidemment soumise à l'empire de la loi *Cincia*, le créancier devant prendre sur son capital pour en payer les annuités. Faudra-t-il, pour apprécier si elle est inférieure ou supérieure au taux de la loi *Cincia*, la considérer comme comprenant autant de donations qu'il y a d'années à courir, ou comme une seule donation. Ce dernier procédé me paraît plus conforme aux principes généraux : la stipulation d'annuités *quoad vivam* est *una*. Justinien, dans la constitution 34, § 4, C. *de donationibus*, dit pourtant que la question avait été vivement et longuement discutée avant lui, *quod veteres satis abundeque variaverunt*.

Donation de la chose d'autrui. La donation de la chose d'autrui est-elle soumise à l'application de la loi *Cincia?* Il n'y a point de texte sur ce point ; de là une difficulté sérieuse. Il faut, je crois, distinguer si le donateur au moment où il faisait la donation avait ou non, une possession capable de conduire à l'usucapion. S'il avait une semblable possession, la loi *Cincia* s'appliquerait à la donation ; le donateur en effet se dépouille de quelque chose, de la faculté d'usucaper dans un très-bref délai peut être. Mais si au contraire le donateur n'a pas une possession suffisante pour conduire à l'usucapion, je ne crois guère que la loi *Cincia* puisse s'y appliquer. En faisant la donation, le donateur ne se dépouille actuellement de rien. Du reste, au point de vue de la loi *Cincia*, la donation de la chose d'autrui sera plus facilement parfaite. Le donateur n'aurait jamais la revendication pour enlever au donataire le bénéfice de la donation.

La loi *Cincia* tomba en désuétude bien avant Justinien et celui-ci l'atteste dans la Novelle 162, chapitre I. A quelle époque remonte cette désuétude? On ne peut pas le préciser. Elle était encore en vigueur à l'époque de Dioclétien qui l'applique dans plusieurs rescrits que nous avons étudiés (F. V. § 312 et 313). Elle lui survécut sans doute quelque temps, mais la formalité de l'insinuation, législativement établie par Constance Chlore peut être considérée comme ayant eu une influence directe sur sa disparition.

L'insinuation ne doit pourtant pas être considérée comme ayant remplacé et supprimé la loi *Cincia*. Elle eut seulement une influence d'autant plus naturelle sur sa disparition, qu'elle établissait des conditions de forme moins arbitraires et plus en rapport avec les innovations que le temps avait peu à peu introduites, relativement à la propriété romaine. Elle constitue une formalité plus difficile à accomplir que celles de la loi *Cincia;* elle est plus utile en ce qu'elle donne à la donation une publicité réelle; elle est enfin sanctionnée d'une manière plus énergique. On trouva trop sévère l'application simultanée des formalités exigées par la loi *Cincia* et par la nouvelle institution de Constance Chlore et dans le conflit qui s'éleva entre ces deux institutions, ce fut la loi *Cincia* qui disparut.

DROIT FRANÇAIS

De la communauté réduite aux acquêts.

La communauté d'acquêts entre époux se confond dans son historique avec les autres clauses de communauté entre époux dont elle n'est qu'une variante. Ce fut longtemps une clause peu connue et peu pratiquée, sauf dans les pays de droit écrit et notamment dans le ressort du parlement de Bordeaux, où elle était adjointe au régime dotal. C'est au point que Pothier, dans son traité de la Communauté, en citant et en indiquant les clauses les plus usitées de communauté conventionnelle, ne parle point de la communauté réduite aux acquêts d'une manière principale, mais seulement de la clause de réalisation, qui, lorsqu'elle porte sur la totalité des meubles présents et futurs produit les mêmes effets que la communauté réduite aux acquêts des articles 1498 et 1499 du Code civil.

Ce peu d'application dans la pratique de la communauté réduite aux acquêts se comprend parfaitement sous notre ancien droit. En effet, ce qui différencie au premier chef la communauté réduite aux acquêts de la communauté légale de notre Code et de la communauté coutumière de l'ancien droit, c'est que le mobilier présent et futur des époux que celle-ci fait entrer parmi les biens communs en est exclu expressément sous la communauté réduite aux acquêts. Or, on sait (et il serait puéril d'insister sur ce point) le peu de valeur qu'avait dans les idées anciennes la propriété mobilière. La distinction entre la communauté légale et la communauté réduite aux acquêts ne présentait donc pas, à la différence de ce qui se passe à notre époque, un intérêt très-sérieux, surtout en présence de la difficulté de constater d'une manière efficace les apports mobiliers de chacun des conjoints. C'est là ce qui explique que nous ne trouvions qu'en très-peu de provinces, au milieu des nombreuses variétés de communauté réglées par les diverses coutumes, la communauté réduite aux acquêts comme communauté coutumière, et que les auteurs, dans les pays de coutume, ne la mentionnent point expressément. C'est en même temps ce qui explique la généralisation de l'application de cette clause coïncidant avec l'extension et l'augmentation à notre époque de la propriété mobilière.

La communauté réduite aux acquêts n'étant qu'une variété de la communauté, dans le sens général de ce mot qui comprend les diverses clauses de contrat de mariage, par suite desquelles les intérêts des époux sont confondus durant le mariage en tout ou en partie, il me paraît inutile de traiter avec tous les développements qu'elle comporte, la question aujourd'hui encore si débattue de l'origine de la communauté. L'exposé des divers systèmes qui se sont produits sur cette question si délicate, rentre bien plutôt dans le cadre d'un traité du contrat de mariage ou d'une monographie de la communauté, que dans cette simple étude d'une des nombreuses variétés de ce régime. Il me semble plus en rapport avec les proportions d'une thèse, de passer simplement en revue les diverses législations auxquelles a puisé notre droit Français et de faire ressortir les affinités qu'elles peuvent présenter avec la matière spéciale que j'ai entreprise.

Dans les législations primitives la femme se trouve, par rapport à son mari, dans cet état de dépendance presque absolue que caractérise la parole de la Genèse ; « *Eris sub potestate viri et ipse dominabitur tibi.* » En suite de ces droits si étendus, les biens de la femme, lorsqu'elle peut en avoir, deviennent la propriété du mari, et il y a confusion véritable, exclusive de communauté, de ses biens et de ceux de son mari.

En droit Romain, dans l'origine, au temps où florissait l'institution de la *manus*, la position de la femme, quant aux biens, était essentiellement différente, suivant que le mariage était accompagné ou non de la *manus*.

On sait les conséquences produites relativement aux biens de la femme par la *manus*. Ces biens étaient acquis au mari ou à celui qui avait la puissance sur lui, et confondus avec son patrimoine, et il en devenait complétement le maître, sans avoir à rendre compte à personne. Les biens de la femme étaient attribués exclusivement au *paterfamilias*, sans que la femme pût avoir de pécule propre susceptible de s'enrichir à son profit. Cette disposition était fondée sur des principes de morale, ainsi que cela ressort du passage suivant de Plaute :

Nam peculi probam nihil habere addecet
Clam viro; et quod habet partum, et haud commodi est

Quin viro aut subtrahat aut stupro invenerit;
Hoc viri censeo esse omne quidquid tuum est.

Le seul point de vue qui rapproche ce régime
de la *manus* du régime en communauté, nous le retrouvons dans l'assimilation de la femme *in manu* à
l'enfant héritier sien. D'après les principes du droit
Romain, les enfants avaient sur les biens de leur père,
qui étaient considérés comme biens de la famille, une
sorte de droit de copropriété. La femme étant assimilée
à l'enfant avait le même droit de copropriété latent,
si on peut ainsi qualifier ce droit. Par l'effet du droit
de succession qu'elle avait, il pouvait arriver en fait
un résultat analogue à celui que produirait de nos
jours une communauté universelle; mais il y a entre
ces deux situations des différences capitales et très-
profondes sur lesquelles nous n'avons pas à insister ici.

Lorsque la femme en se mariant, ou postérieurement
à son mariage, ne tombe point *in manu mariti*, on
ne trouve plus, dans le droit Romain de la République,
la moindre idée de confusion d'intérêts; la femme reste
propriétaire de tout ce qu'elle possède, et ce n'est
point même de son mari qu'elle dépend quant aux
biens, mais de son tuteur, sans l'assistance duquel
elle ne peut faire d'acte ayant une certaine importance.

Ces deux situations sont extrêmes chacune en sens
contraire. Pour se rendre compte de cette différence,
il faut se reporter aux idées romaines sur la propriété des biens. Dans cet ordre d'idées, l'indivi-
dualité s'effaçait devant la collectivité, les biens appartenaient bien moins à l'individu qu'à la famille,
c'est-à-dire à toutes les personnes qui se trouvaient

sous la même puissance. Lorsqu'un mariage se produisait, ses effets devaient différer essentiellement, suivant qu'il y avait ou non modification à l'état de famille de la femme, en d'autres termes suivant qu'elle tombait ou non *in manu*. La femme devenait ou restait propriétaire dans son ancienne ou dans sa nouvelle famille, suivant que la *manus* se produisait ou non; mais elle ne pouvait trouver place à la fois dans deux familles.

Entre ces deux extrêmes, les mœurs introduisirent bientôt le régime dotal, qui apporte une amélioration au régime sous lequel les intérêts sont complétement distincts, sans aller jusqu'à la confusion absolue, suite nécessaire de la *manus*. Sous ce régime, il n'y a pas encore de communauté : il est inutile de s'étendre sur ce point. Cependant il pouvait y avoir dans certains cas quelque chose qui ressemblât au régime en communauté. Ainsi la loi 16, § 3, ff, *de alimentis vel cibariis legatis*, parle d'une société *universorum bonorum*, c'est-à-dire, communauté universelle entre époux. Cette communauté, dans laquelle l'administration était dévolue au mari dans une large mesure, avait duré quarante ans et ne s'était dissoute que par sa mort. De même la loi 32 § 24, ff, *de donationibus inter virum et uxorem*, se place dans l'hypothèse d'une société contractée entre conjoints déjà mariés et n'en prononce la nullité en refusant l'action *pro socio*, qu'autant qu'elle contiendrait des avantages indirects, donations déguisées au profit de l'un des conjoints. Enfin il y avait, chez les Romains, des espèces de sociétés qui paraissent avoir été fréquemment employées et qui ne se comprennent guère, en pratique, qu'entre parents trèsproches ou entre époux : la société *universorum bonorum*, et la société *universorum quæ ex quæstu veniunt*. Ces diverses espèces de sociétés devaient se rencontrer, le plus souvent, entre époux, et, dans ce cas, il n'est pas inutile de faire remarquer que, si on n'avait point formellement exprimé ce que devait comprendre la société, c'était une société d'acquêts, d'après le principe des lois 7 et 8, ff, *Pro socio*. Néanmoins il faut bien remarquer que cette société entre époux ne devait se présenter qu'assez rarement dans la pratique romaine, puisque ni la législation ni le préteur n'avaient spécialement prévu ce cas et que nous n'en trouvons que de rares exemples. Cela tient peut-être à ce que le mariage, se dissolvant trop souvent par le divorce, ne présentait pas ce caractère de stabilité nécessaire pour entraîner la confusion, même provisoire, des intérêts pécuniaires. La raison peut s'en trouver, peut-être aussi, dans cette idée de la conservation de la dot, élevée à la hauteur d'un principe d'ordre public, qui domine les institutions romaines dans toute cette matière. La femme ne peut point faire de profit sur sa dot; mais aussi, et c'est là surtout ce que veut la loi, elle ne court aucun risque de perdre.

A un autre point de vue, en examinant la situation juridique des pérégrins, peut-être pourrait-on imaginer des cas dans lesquels se retrouverait une hypothèse analogue à la communauté. La faculté d'établir la *manus*, ou de constituer une dot proprement dite, régie par les dispositions du droit civil Romain, était un effet spécial aux *justæ nuptiæ*, réservé à ceux qui avaient le *connubium*, c'est-à-dire en principe aux citoyens romains. Mais les pérégrins pouvaient se marier, conformément au droit des gens, et adjoindre à ce mariage, un contrat de société, une communauté, si telle était la coutume de leur pays. Cette hypothèse était possible, mais je ne connais pas de texte qui la vise.

Si de Rome nous passons dans les Gaules, nous y trouvons dans l'ancien droit Celtique une institution qui présente une ressemblance frappante avec la communauté. Cette institution est indiquée dans un texte très-connu des commentaires de César, livre 6, § 15 : « *Viri, quantas pecunias ab uxoribus dotis nomine acceperunt, tantas ex suis bonis estimatione factâ cum dotibus communicant. Hujus omnis pecuniæ conjunctim ratio habetur, fructusque servantur. Uter eorum vitâ supererit, ad eum pars utriusque cum fructibus superiorum temporum pervenit.* » La coutume Gauloise, on le voit, est, à prendre à la lettre le texte de César, une combinaison de diverses clauses de communauté. C'est une communauté partielle, portant sur des objets déterminés, (la dot de la femme d'une part, et d'autre part une somme égale prise sur les biens du mari) et à la dissolution de laquelle il n'y a point de partage, l'attribution de ce qui compose la communauté étant faite au survivant des époux, tout à la fois pour le capital et pour les fruits pendant le mariage. Du reste, le texte de César paraît assez incomplet. L'historien général ne cherchait qu'à donner du reste des notions tout à fait sommaires. Il n'indique point si le mari est seul administrateur de cette communauté; il ne mentionne ni l'étendue de ses droits, ni ce qui pouvait arriver lorsque le mariage était dissous non plus par la mort, mais par le divorce des époux; enfin il n'indique point expressément sur quels biens devaient se prendre les ressources nécessaires pour subvenir aux besoins du ménage ou à la gestion des intérêts communs. Du reste, il devait arriver souvent que cette immobilisation d'une partie des biens des époux en capital et revenus pendant toute la durée du mariage fut impossible en fait. Mais quelque conçis et quelque brefs que soient les renseignements que donne ce texte, il est impossible de ne pas y voir les premiers linéaments d'un régime en communauté.

Dans le droit Germanique et dans le droit des barbares établis en Gaule, nous trouvons des institutions d'une nature toute particulière et dans lesquelles on peut retrouver certaines ressemblances avec le régime de conventions matrimoniales qui nous occupe. Outre les droits que la femme avait sur la dot remise par le mari et qui constituait primitivement le prix d'achat de la puissance Germanique, du *mundium*, et sur le *morgengab*, présent fait par le mari à sa femme au lendemain du mariage, il existait entre les époux dans les tribus Germaniques une espèce de communauté. Les acquêts faits par les époux pendant le mariage et provenant de l'industrie et du travail de chacun d'eux, *omnis res quam simul collaboraverint*, disait la loi des Ripuaires, tombaient en communauté en ce sens qu'à la dissolution du mariage, ils étaient partagés. entre le survivant des époux et les représentants de l'autre dans une proportion qui variait suivant chaque loi. La loi des Ripuaires, titre 37, accordait à la femme le tiers de ces profits communs; la loi des Bavarois une part d'enfant et, à défaut d'enfants, la moitié, mais en usufruit seulement; la loi des Visigoths, outre une part d'enfant en usufruit, lui

accordait dans les acquêts une part proportionnelle à ses apports. On controverse si ce droit
pour la femme de concourir au partage, constituait un avantage irrévocable ou un simple gain de
survie.

Mais la véritable origine de la communauté, qui
perd alors le caractère de communauté d'acquêts pour
se rapprocher de la communauté légale du Code civil,
paraît être non seulement dans cette communauté du
droit germanique qui subsistait encore sous Charle-
magne, mais aussi et surtout dans les habitudes d'association et de compagnie, pour parler le langage du
temps, qu'avaient introduites les mœurs du moyen-âge.
Ce n'est pas notre intention d'insister sur ce point,
mais il me paraît nécessaire de faire remarquer ici la
substitution qui s'opère. Le régime que nous avions vu
se rapprochant de la simple communauté d'acquêts est
remplacé par un régime dans lequel la société conjugale d'intérêts se trouve immédiatement pourvue d'une
mise sociale, existant réellement au jour du mariage,
et comprend les meubles et droits mobiliers de chacun des époux. Nous avons indiqué la raison de cette
substitution naturellement produite par les mœurs et
les usages du temps.

Ce régime en communauté devint à quelques exceptions près, la règle générale dans les pays de coutume.
On l'appelait la communauté coutumière. Dans ces pays
pour introduire des dérogations à ce régime, il était
nécessaire de faire des stipulations expresses, dans les
formes déterminées par chaque coutume. Il y avait
alors une communauté conventionnelle. De cette manière on pouvait, entre autres dispositions, réduire
la communauté aux acquêts. Mais il ne paraît pas,

ainsi que nous l'avons exposé plus haut, que cette clause fut d'un usage fréquent dans la majorité des pays de coutume ; les anciens auteurs ne traitent point d'une manière spéciale et expresse de la communauté réduite aux acquêts. Ils faisaient rentrer cette clause dans la clause plus générale et très-usitée de réalisation.

Néanmoins, il y avait quelques coutumes où, à défaut de stipulations expresses, le droit commun consistait en une communauté réduite aux acquêts. C'était notamment la coutume de Saintes et la coutume de Lorraine. Du reste, envisagée à certains points de vue spéciaux, la communauté d'acquêts présentait une grande importance dans certaines provinces. Nous ne voulons rappeler ici que la coutume de Normandie, qui prohibait formellement la communauté et ne permettait d'établir ce régime que sous la forme d'une communauté réduite aux acquêts immeubles et rentes. De même, dans les pays de droit écrit, nous retrouvons une combinaison du régime dotal avec la communauté d'acquêts, combinaison qui a passé dans notre Code civil, où nous aurons à l'étudier plus tard. Ce régime mixte, qui était surtout très-usité et était presque devenu une clause de style dans les contrats de mariage du ressort du parlement de Bordeaux, vient peut-être, comme l'ont prétendu plusieurs anciens auteurs, du droit Romain, (Cujas, Consult. VII; Ferrière, *Traité de la coutume de Paris*, Bouhier, *Coutume de Bourgogne*) et notamment de la loi 16 § 3, ff, *de alimentis et cibariis legatis*, et de la loi 7, ff, *Pro socio*. L'origine en est peut-être aussi dans l'influence toute naturelle que devaient avoir, malgré le peu de relations qui existaient entre les diverses provinces, les institutions du droit coutumier, nées des besoins et des nécessités de l'époque sur les institutions des droit écrit, lorsqu'on retrouvait dans ces pays les mêmes besoins et les mêmes nécessités.

Cette variété de dispositions que présentait notre ancien droit, devait disparaître en présence de l'uniformité législative que réalisait le Code civil et qui avait déjà été entreprise dans les essais de codification du droit intermédiaire. Tout en respectant, dans les limites posées par les règles de l'ordre public et des bonnes mœurs, les conventions des parties, les législateurs voulurent établir une règle uniforme pour le cas où leur volonté n'aurait pas été manifestée. Après de vives discussions, on choisit le régime en communauté, et, parmi les différentes variétés de ce régime, la communauté établie par la coutume de Paris, qui fait tomber dans la société conjugale les meubles appartenant aux deux époux ou qui leur échoient dans la suite, et les fruits produits par les immeubles, mais en excluant le capital immobilier. On sait les vives mais justes critiques adressées aux rédacteurs du Code civil, parce qu'ils ont établi la communauté légale sous cette forme plutôt que sous celle d'une communauté universelle ou d'une communauté d'acquêts. Et il me semble, en effet, que dès l'instant qu'ils n'admettaient pas la communauté universelle et se refusaient, avec raison je crois, à établir du moment même du mariage et par le seul fait de sa célébration, confusion complète des intérêts de chacun des époux, ils devaient inévitablement aboutir à la communauté réduite aux acquêts ou à un régime analogue, qui écartât du droit commun cette distinction inique et illogique, que fait la communauté légale entre les meubles et les immeubles. Les rédacteurs du Code civil paraissent ici, comme dans la plupart des matières qui, lors de la rédaction, donnaient lieu à de vives discussions, avoir voulu s'écarter autant que possible des innovations et ils ont choisi le régime de communauté qui était certainement le plus répandu dans les pays de coutume et dont l'adoption devait entraîner le moins de changement dans les habitudes. Ils ont aussi cédé à l'idée, déjà ancienne à leur époque, que la propriété mobilière ne présente, en elle-même, que peu d'importance à la différence de la propriété immobilière, idée que caractérise le brocard si connu : « *Mobilium vilis est possessio.* » Mais ils n'ont pas pensé que les innovations, qu'eux-mêmes avaient introduites dans d'autres matières et notamment au titre de la distinction des biens, devaient forcément amener une innovation sur ce point. Ils n'ont point prévu surtout l'extension énorme que le développement du crédit et des entreprises industrielles et commerciales devait donner à la propriété mobilière. C'est là, à mon avis, la critique la plus forte qu'on puisse faire contre le système du Code civil, et elle devait conduire à l'adoption du régime de la communauté d'acquêts.

Au point de vue de la logique, en partant de l'idée qui, suivant moi, a été, à juste titre, mère du régime en communauté, et qui a concouru à le faire prévaloir et même à l'établir combiné avec un régime qui semblerait devoir l'exclure, on aboutit à préférer la simple communauté d'acquêts à la communauté légale de meubles et d'acquêts. L'association des intérêts respectifs de chacun des époux est fondée, en France comme en Germanie, sur l'idée que la femme, appelée à contribuer quotidiennement par son travail ou par ses revenus à la prospérité du ménage, *laborum periculorumque socia*, disait Tacite, doit aussi, par la plus juste des réciprocités, prendre part aux bénéfices qu'elle a concouru à produire. Mais logiquement, il n'y a aussi que les bénéfices produits pendant le mariage et fruits de la collaboration de chacun qui puissent être soumis au partage. Si on va plus loin, si on fait tomber dans l'association conjugale autre chose que ces profits communs, on établit un avantage de mariage, c'est-à-dire en réalité, une donation qu'on ne devrait pas présumer, même entre futurs époux. Quand on supplée la volonté des parties, on ne doit la suppléer que par des présomptions qui nuisent le moins possible à leurs intérêts. Les dispositions coutumières, pour faire tomber les meubles en communauté, partaient d'un point de vue tout spécial, l'usage et presque la nécessité dans cette période troublée, des associations, compagnies et sociétés taisibles. Ces sociétés, présumées dans certains cas entre toutes personnes, devaient à plus forte raison être présumées entre époux. Mais à l'époque de la promulgation du Code civil, cette raison de décider n'existait plus, et les innovations de cette époque constituaient plutôt une raison de décider en sens contraire.

On présentait contre l'adoption de la communauté d'acquêts, comme régime de droit commun, une objection très-sérieuse et qui est maintenant encore souvent reproduite : c'est que la communauté d'acquêts paraît nécessiter, pour son fonctionnement, des inventaires, des constatations contradictoires de la fortune mobilière de chacun des époux, exclusives de l'idée d'un mariage sans contrat et par conséquent de l'hypothèse dans laquelle on doit se placer pour un régime de droit commun. Mais cette objection, quelque décisive qu'elle paraisse au premier abord, ne me paraît pas absolument sans réplique. Il ne s'agit là, en effet, que d'une question de preuve qui ne doi influer par elle-même sur le fond du droit, qu'autant qu'elle est irréfutable. La loi a adopté, pour régime de droit commun, un régime dans lequel chacun des époux peut, à la dissolution du mariage, prouver par tous les moyens possibles la consistance de ses apports immobiliers pour les prélever à titre de propres (art. 1402 et 1470, § 1 du Code civil), tandis que pour les meubles, alors même que l'époux pourrait rapporter la preuve authentique qu'il en avait la propriété exclusive antérieurement au mariage, ils n'en sont pas moins tombés dans la communauté et comme tels soumis au partage (art. 1401 § 1). Elle s'est dit, non sans raison, que la preuve de la propriété d'un meuble est souvent plus difficile et plus incertaine que la preuve de la propriété d'un immeuble. Mais, si cela est vrai en thèse générale, il n'en est pas moins vrai que, même en l'état unanimement reconnu défectueux et insuffisant de la législation relative aux valeurs mobilières, la preuve de la propriété des meubles d'une importance considérable, peut souvent se faire d'une manière aussi facile et aussi certaine que pour les immeubles. Il me semble donc que la loi aurait dû réserver le cas où la preuve aurait pu être faite d'une manière certaine et édicter une disposition analogue à celle de l'article 1499, en établissant une présomption susceptible d'être combattue par la preuve contraire.

Mais il est un autre point sur lequel la communauté réduite aux acquêts me paraît aussi de beaucoup préférable à la communauté légale. C'est relativement aux successions qui échoient aux époux pendant le mariage. Dans celle-ci les successions ainsi dévolues tombent en communauté pour la partie mobilière, tandis que dans celle-là on applique les articles 1498 et 1504 du Code civil, qui en principe conservent propres à chacun des conjoints ces successions. La différence entre les meubles et les immeubles devient ici aussi peu compréhensible et aussi peu logique que possible. On ne peut plus objecter l'absence forcée d'inventaire par hypothèse, comme pour les meubles possédés par les époux au jour du mariage. On ne peut pas non plus présumer que les époux ont voulu en se mariant se faire l'avantage d'une chose aussi essentiellement déterminée que la partie mobilière des successions qui peuvent leur échoir. Il y aurait là du reste une convention sur succession future prohibée par la loi. Aussi chaque époux devrait au moins avoir toujours la faculté de se conserver propres les meubles à lui échus pendant le mariage, en faisant faire un inventaire. De cette manière les ascendants n'auraient point intérêt à convertir leur fortune en meubles ou en immeubles pour la faire tomber suivant leur caprice dans la communauté ou la conserver propre à leur héritier. De même, la femme mariée sous le régime de droit commun n'aurait point intérêt à demander la séparation de biens, ou même la séparation de corps qui entraîne comme conséquence la séparation de biens, en prévision d'une succession mobilière qui serait sur le point de lui arriver et dans le but de se la réserver propre.

Quoiqu'il en soit de cette question, si la communauté d'acquêts ne peut en France être établie que par une convention expresse, elle constitue dans certains pays le régime de droit commun. Ces pays sont : l'Espagne, (*Statut Royal*, loi Ire, titre III, livre III), la Bavière, la Hesse, le duché de Nassau. En conséquence les époux qui en se mariant sans contrat établissent leur domicile matrimonial dans un de ces pays, sont soumis au régime de la communauté d'acquêts qui y est établie comme droit commun. C'est ce qui a été jugé pour des conjoints qui avaient établi leur domicile en Espagne, par un arrêt de la Cour de Pau du 28 août 1835, (Dalloz, *Répertoire alphabétique*, V° *domicile* n° 20). Du reste, à part les questions générales qui s'élèvent à propos de la matière du contrat de mariage, je ne crois pas qu'il s'élève entre ces lois et la loi Française de conflit de nature à amener une question spéciale à notre matière.

CHAPITRE I

Des clauses qui établissent la communauté réduite aux acquêts.

C'est après avoir posé le principe que la liberté presque absolue des conventions matrimoniales permet, en admettant le régime en communauté, de le modifier des manières les plus différentes, et en commençant la série des principales dispositions que peuvent choisir les époux, que le Code civil traite de la communauté réduite aux acquêts dans les articles 1498 et 1499 qui doivent être la base principale de notre étude. La communauté réduite aux acquêts ne peut donc en principe s'établir que par une convention spéciale, légalement passée dans les formes et devant les officiers publics établis pour la recevoir conformément aux dispositions des articles 1494 et suivants. Il n'y a de dérogation à cette nécessité d'une convention expresse pour l'adoption d'une communauté réduite aux acquêts, qu'au cas où les époux établissent, en se mariant, leur domicile matrimonial dans un pays qui, comme l'Espagne, a ce régime pour régime de droit commun.

Cette nécessité d'une stipulation spéciale et dans les formes prescrites étant établie, quelles sont les clauses qui établiront la communauté réduite aux acquêts ?

Le principe qu'il faut placer comme point de départ, c'est celui de l'article 1387 du Code civil, que les époux peuvent faire leurs conventions matrimoniales comme ils le jugent à propos. Ce qu'il faut donc avant tout rechercher, c'est l'intention des parties telle qu'elle résulte des termes et des clauses du contrat qu'elles ont passé. L'intention des parties, légalement manifestée, a ici force de loi plus encore que pour tout autre contrat et les rédacteurs du Code ont eu soin de reproduire, en lui donnant encore plus d'extension, la règle de l'article 1134. En conséquence (et il ne rentre pas directement dans notre sujet d'insister sur ce point), les futurs époux, stipulant au contrat de mariage, peuvent adopter le régime des articles 1498 et suivants, par toutes les formules qui manifestent directement leur pensée, et ils peuvent, en adoptant ce régime, y apporter toutes les modifications qu'ils jugent convenables, à la seule condition de ne point porter atteinte aux institutions que le Code civil considère comme fondamentales et place en dehors des conventions des parties. La communauté d'acquêts peut donc être modifiée de toutes les manières et par une diversité de clauses aussi différentes que l'imagination des parties, aidée par la nécessité des circonstances, peut le faire concevoir, soit que les futurs époux combinent avec ce régime les clauses d'un autre régime qui leur permette de régler

leurs conventions matrimoniales d'une manière plus
conforme à leurs intérêts et à leurs vœux, soit que,
se plaçant en dehors des combinaisons que la loi leur
présente, ils choisissent des dispositions qui, sans
excéder les limites tracées par les lois prohibitives,
ne rentrent point dans les hypothèses prévues par le
Code et dont il a mis, si je puis m'exprimer ainsi,
les formules à la disposition des particuliers. Quand
on se pose la question de savoir quelles sont les clauses
qui établiront le régime qui nous occupe, on ne se
demande donc pas seulement quelles sont les clauses
qui doivent entraîner l'adoption complète de ce régime, mais aussi les clauses qui doivent faire appliquer
les articles 1498 et 1499 dans la mesure qu'auront
pu apporter les restrictions du contrat.

La communauté réduite aux acquêts des articles
1498 et 1499, résultera de tout contrat de mariage
dont les termes montreront clairement en fait que les
stipulants ont entendu adopter ce régime. Mais il n'est
besoin d'aucune expression, d'aucune formule sacra-
mentelle. Si la convention n'est point en elle-même
suffisamment claire, on devra l'interpréter d'après les
termes et la combinaison des diverses clauses, conformément aux principes de la section V du chapitre III du titre des Obligations, et, à défaut d'éléments suffisants de décision, revenir à la communauté
légale qui constitue le droit commun (articles 1393 et
1497), de même que pour les obligations, à défaut
d'éléments suffisants de décision, on doit en revenir
au droit commun qui est la liberté des personnes et
l'inexistence de l'obligation (art. 1315).

Une règle d'interprétation dont, à notre avis, on ne
devra faire usage qu'avec réserve, est celle de l'article

1159 du Code civil, qui se réfère aux usages du pays où le contrat a été passé. Sans doute , comme le dit M. Troplong, *Traité du contrat de mariage* , n° 1855, l'usage est en général le meilleur interprète des conventions. Mais il ne s'agit point seulement ici de régler les rapports créés par la convention entre les parties contractantes; il s'agit d'un contrat tout spécial dont les dispositions réfléchissent jusqu'à un certain point contre les tiers, auquel il est opposable à la différence des contrats ordinaires. Il nous semble donc difficile d'admettre en théorie qu'on puisse facilement créer une clause dérogatoire au droit commun par interprétation d'un usage spécial dont les tiers n'ont peut-être pas connaissance et auquel les contractants eux-mêmes n'auraient pu se référer explicitement dans l'acte constatant leurs conventions (art. 1390). Sans doute nous sommes bien loin de prétendre qu'il faille proscrire ici ce mode d'interprétation que nous aurons peut-être à invoquer plus tard, mais il faut, suivant nous, faire prévaloir, dans l'intérêt des tiers, le mode d'interprétation qui découle des termes du contrat et de la conbinaison de ses diverses clauses.

Le régime de notre section première de la deuxième partie du régime en communauté existera donc d'abord lorsque les époux auront stipulé qu'il n'y aurait entre eux qu'une communauté d'acquêts, lorsqu'ils auront déclaré réduire la communauté aux acquêts, ou n'établir entre eux qu'une communauté réduite aux acquêts , lorsque enfin leur contrat de mariage contiendra toute autre formule explicitement exclusive de la communauté légale (art. 1498). Mais ce que nous venons de dire, montre qu'il faut même aller plus loin et ne pas hésiter à voir l'adoption de notre régime dans la clause par laquelle les époux stipulent simplement qu'ils adoptent la communauté d'acquêts, ou qu'ils seront communs en tous les biens qu'ils acquerront, sans s'exprimer directement quant au sort de leurs biens meubles. Dans ce cas, en effet, il n'est guère possible de douter sérieusement quant à la portée de cette clause et quant à l'intention des époux. Ce serait vouloir repousser à jamais l'argument *a contrario* que de ne pas l'admettre dans cette hypothèse, surtout quand on se reporte au langage usuel. C'était déjà l'interprétation de Pothier (*Introduction au titre de la communauté*, n° 58, et *Traité de la communauté*, n° 317), et c'est maintenant encore l'opinion que professent la majorité des auteurs d'accord avec la jurisprudence (*Req. Rej.* 16 décembre 1840, Dalloz, *Répertoire alphabétique*, V° *Contrat de mariage*, n° 2563; *Req. Rej.* 1er juin 1853, Dalloz, *Recueil périodique*, 1853, 1,242).

Merlin et Toullier s'appuyant sur les termes de l'article 1398 « Si les époux ont stipulé qu'il n'y aurait entre eux qu'une communauté d'acquêts », et sur la rubrique de notre section : De la communauté réduite aux acquêts, ont prétendu que cette exclusion formelle était nécessaire pour établir le régime qui nous occupe. Mais il est contraire à l'esprit général du Code d'établir pour la constatation de l'intention des parties des expressions sacramentelles, et, dans notre matière surtout, les articles 1387 et 1497 consacrent formellement la liberté des conventions.

La communauté réduite aux acquêts pourrait être établie par un grand nombre de clauses dans le détail desquelles il est inutile d'entrer. Je ne veux retenir ici que la clause citée par Pothier : (*Traité de la commu-*

nauté, n° 317, et *Introduction au titre de la communauté*, n° 58). « Les futurs conjoints seront communs en tous les biens meubles et immeubles qu'ils acquerront. » Il faut évidemment, selon nous, assimiler cette clause à celle que nous avons citée plus haut. D'après Pothier, pourtant, dont l'opinion a été suivie en ce point par plusieurs auteurs modernes, cette stipulation ne constituerait point une dérogation à la communauté légale, parce que dans le doute sur le point de savoir si dans cette phrase la restrictive, « qu'ils acquerront, » s'applique seulement au dernier mot : immeubles, ou tout à la fois aux mots : biens meubles et immeubles, on doit plutôt présumer que les époux ont suivi le droit commun. Mais il me semble qu'ici le judicieux Pothier, contrairement aux règles de sage interprétation qu'il donne toujours, a produit un argument qui maintenant, à un siècle d'intervalle, ressemble plutôt à un jeu de mots qu'à un argument véritable. Ce serait dénaturer la langue française autant que l'intention des parties, si on voulait restreindre, dans cette phrase, au seul mot immeubles l'application de l'incidente : qu'ils acquerront. Il faudrait supposer un doute qui en réalité n'existe pas.

De même, la clause par laquelle les époux excluent de la communauté tout leur mobilier présent et futur, devrait se confondre, à notre avis, avec la communauté réduite aux acquêts

Il est évident qu'il ne suffirait pas pour établir la communauté réduite aux acquêts, que le contrat de mariage portât un état détaillé et estimatif de tous les biens, même mobiliers, des deux époux. Cet inventaire, qui ne présente pas d'utilité directe sous le régime de la communauté légale et qui serait nécessaire par application de l'article 1499 dans la communauté réduite aux acquêts, peut avoir la même utilité sous d'autres clauses de communauté conventionnelle, et en l'absence de choix explicite des parties, devant l'impossibilité d'y suppléer, il faut en revenir forcément au droit commun.

. Si de l'étude des clauses dont l'adoption entraîne la communauté réduite aux acquêts, nous passons à l'étude des clauses qui, tout en suivant les bases principales de la communauté réduite aux acquêts, la modifient en certains points, nous retrouvons cette variété infinie, conséquence nécessaire de la liberté des conventions. Nous ne voulons appeler l'attention que sur quelques-unes de ces clauses qui sont le plus usitées.

Les futurs époux peuvent modifier la communauté réduite aux acquêts en la combinant avec un autre régime auquel elle emprunte alors une partie de ses règles. L'article 1581 s'en exprime formellement relativement au régime dotal : « En se soumettant au régime dotal, les époux peuvent stipuler une société d'acquêts, et les effets de cette société sont réglés comme il est dit aux articles 1498 et 1499. » Nous aurons plus tard à étudier les effets de cette clause et la conciliation à faire de ces deux régimes qui sembleraient dès l'abord exclusifs l'un de l'autre. Cette clause présente *a priori* cette utilité, qu'elle enlève au régime dotal le caractère stationnaire qu'il présente, et, tout en lui conservant son caractère propre de garantie excessive pour la femme, associe celle-ci aux bénéfices faits pendant le mariage, et, ce qui me paraît toujours désirable, la fait participer, dans la mesure prévue par la convention des parties, aux économies qu'elle a pu concourir à réaliser. Cette société du régime dotal que le tribun Duvey-

rier, dans son rapport au tribunat, présente comme
« favorable aux époux qui mettent dans leur contrat de
mariage plus d'espérance et de tendresse que de fortune, » était usitée, sous notre ancien droit, dans
certaines provinces, et elle était notamment devenue
presque une clause de style dans les contrats de mariage passés dans le ressort du parlement de Bordeaux.
Aussi, quoiqu'il soit certain que la validité d'une pa-
reille convention n'aurait pu être sérieusement mise en
doute, le Code civil a pris soin de s'en expliquer et de
confirmer explicitement cet usage. Comme le dit le
rapport déjà cité, « on voulut rassurer une des plus
florissantes cités de la République sur la jouissance d'un
usage qu'elle affectionnait et qui n'était qu'un mélange
légitime des deux systèmes. »

Quant aux termes dont les époux pourront se servir
pour adopter ce régime, ils sont, comme toujours,
laissés à leur libre appréciation. Mais ici la controverse
que nous avons rapportée plus haut, ne pourrait plus
s'élever. Le Code en effet ne se sert plus d'une formule
exclusive et permet simplement de stipuler une société
d'acquêts. Cette société d'acquêts pourrait du reste ne
résulter que d'une stipulation implicite pourvu qu'elle
fut formelle (Paris, 3 janvier 1852, Dalloz, *Recueil
périodique*, 52, 2, 247.)

De même, quoique le Code civil ne l'ait pas, comme
pour le régime dotal, autorisé par une disposition spéciale, le régime de nos articles 1498 et 1499 pourrait
être combiné avec la séparation de biens contractuelle.
Il y aurait là une hypothèse de séparation de biens partielle. L'avantage de cette clause dont les variétés pourraient s'étendre à l'infini suivant les conventions des
parties, serait surtout de créer un fonds commun pour

les économies à réaliser sur les charges du mariage auxquelles contribue chacun des époux aux termes de l'article 1537 et de ne point attribuer exclusivement ces économies au mari comme le fait la séparation de biens contractuelle ordinaire. Cela peut d'autant plus être nécessaire que les besoins du ménage sont variables et ne peuvent guère être prévus d'une manière suffisante au moment où est passé le contrat de mariage, comme semble l'exiger cet article 1537. On peut se poser la question de savoir si, sous l'empire de cette clause, la femme pourrait demander la séparation de biens judiciaire.

Quant à la combinaison de la communauté réduite aux acquêts avec la clause d'exclusion de communauté, elle ne se comprendrait guère et n'arriverait à constituer qu'une communauté d'acquêts pure et simple. Les époux pourraient du reste adopter pour une partie de leurs biens le régime d'exclusion de communauté et pour l'autre partie la communauté réduite aux acquêts.

Les époux peuvent, sans recourir à la combinaison de notre régime avec un des autres régimes dont le Code civil nous donne l'exemple, le modifier par des conventions d'ailleurs licites. Nous allons voir quelques unes de ces conventions que l'usage a consacrées.

Les futurs époux peuvent, entre autres, faire porter leurs modifications sur l'actif de la communauté d'acquêts. Ils pourraient stipuler par exemple que les revenus de leurs biens propres en général ou de tels biens spécialement désignés n'y entreraient pas, ou en exclure les bénéfices produits par une certaine branche d'industrie. Pourraient-ils limiter la communauté soit aux acquêts immobiliers, soit aux acquêts mobiliers?

Dans l'ancienne province de Normandie, par des

motifs purement locaux , une restriction de cette sorte était souvent stipulée à la société d'acquêts qui était jointe au régime dotal particulier à cette province. Les futurs époux stipulaient une société d'acquêts restreinte aux immeubles et rentes , et c'était même la seule espèce de communauté permise sous la coutume de cette province. Sous le Code civil une semblable limitation de la société d'acquêts serait-elle encore admise ?

Envisageons cette clause , à un point de vue général comme régime principal , et sans nous préoccuper maintenant de son adjonction à un autre régime. Et d'abord quels en seraient les effets ? La réduction de la communauté aux acquêts immobiliers aurait pour effet de ne faire entrer dans la communauté ainsi réduite les économies faites par les époux qu'au fur et à mesure de leur réduction en immeubles, les économies restant jusqu'à ce moment au mari comme sous le régime d'exclusion de communauté. Quant à la réduction aux acquêts mobiliers, il faut pour lui donner effet , décider que la conversion en immeubles des valeurs mobilières de la communauté ainsi restreinte, aurait pour effet d'attribuer ces immeubles au mari.

La validité de ces clauses de réduction peut être très-sérieusement contestée. Un des principes de notre ancien droit , relativement à la validité des clauses de communauté conventionnelle , était celui qu'énonce Pothier, *Introduction au titre de la communauté*, n° 35 : « Les clauses qui laissent indirectement au mari le pouvoir de s'avantager des biens de la communauté aux dépens de sa femme ou d'en avantager la femme à ses dépens , ne sont pas valables. » Ce principe a , peut-on dire, passé dans le Code civil dont les articles 1096 et 1099 prohibent les donations déguisées entre époux et ne permettent les donations entre vifs qu'avec le caractère de révocabilité. L'application de cette prohibition est faite du reste dans les articles 1395 et 1521. Or chacune de ces deux clauses est en opposition avec ce principe, la nullité doit donc en être déclarée. Aussi un grand nombre d'auteurs regardent cette clause comme nulle.

Quant à nous, nous croyons plutôt devoir faire prévaloir la liberté des conventions matrimoniales. Le principe qu'on ne doit pas laisser aux époux, par leur contrat, la faculté de s'avantager indirectement pendant le mariage, n'était pas absolu même dans l'ancien droit, et Pothier, au n° 28 de ce même ouvrage, nous cite une espèce dans laquelle on ne l'appliquait pas. Du reste, déjà à cette époque, il n'empêchait point la société d'acquêts de la Normandie, restreinte aux immeubles et aux rentes dont on ne contestait pas la validité. En outre, on pourrait, expliquant les articles 1395 et 1521 par autre motif, prétendre peut-être que le principe indiqué par Pothier et non sanctionné explicitement dans notre Code, n'y a pas passé d'une manière absolue. En effet, dans le régime de de la communauté réduite aux acquêts, il suffit au mari de ne pas faire inventaire des successions mobilières qui lui adviennent pour les faire tomber malgré le contrat en communauté (art. 1504) et par suite en avantager sa femme. Et pourtant l'avantage ici, pourrait être bien plus important puisqu'il s'agit, non point de simples acquêts provenant des économies ou du travail communs, mais d'un capital imputable sur la quotité disponible. Quant à la considération tirée de ce que cette clause est essentiellement désavantageuse pour la femme, elle ne nous touche point, puisque la femme a stipulé en toute liberté avant le mariage et qu'elle aurait pu se soumettre au régime d'exclusion de communauté encore plus désavantageux pour elle. Qui peut le plus, peut le moins ! Toute dérogation aux principes généraux qui dominent les conventions matrimoniales, étant écartée, le principe de la liberté reprend son empire. Aussi croyons-nous devoir reconnaître la validité d'une semblable clause.

En pratique, cette réduction de la communauté aux acquêts immobiliers, n'est, d'après les exemples que nous donnent les recueils de jurisprudence, stipulée qu'à la société d'acquêts combinée avec le régime dotal conformément à l'article 1581. Dans ce cas, il y a même une raison de plus de permettre cette réduction aux seuls acquêts immobiliers : la femme n'exposant rien sous le régime dotal, ne devrait, d'après l'économie de ce régime, rien avoir des bénéfices faits sur les charges du ménage, et quelque désavantageuse que soit pour elle cette réduction de la société d'acquêts, elle l'est certainement moins que le régime dotal ordinaire. Aussi, dans les exemples de cette clause, que nous fournit la jurisprudence, ce n'est point la validité de la clause elle-même, mais ses effets qui font l'objet du débat.

Quant à la communauté d'acquêts mobiliers, exclusive des acquêts immobiliers, nous n'en connaissons pas d'exemple. Un arrêt de la cour de Douai, du 4 mai 1865, qui a été confirmé, sur pourvoi, par arrêt de rejet de la chambre des Requêtes et rapporté par M. Dalloz (*Recueil périodique*, 67, 1, 507), est présenté par cet arrêtiste comme relatif à l'hypothèse d'une réduction de la communauté aux seuls acquêts mobiliers. Mais l'hypothèse, visée par cet arrêt, n'est point en réalité celle qui nous occupe. Le contrat de mariage dans l'espèce, distinguait simplement l'actif mobilier de la communauté de l'actif immobilier, pour faire attribution du premier au survivant des époux. Mais, quoique la pratique ne paraisse pas fournir d'exemple de cette clause, stipulée, elle n'en serait pas moins valable à notre avis.

Une autre clause, qui constitue une dérogation aux principes généraux de la communauté réduite aux acquêts, est celle par laquelle les époux stipulent que la totalité, ou une partie des biens plus grande que sa part, appartiendra au survivant ou à l'un d'eux seulement. (Article 1525). Dans cette hypothèse, s'agissant d'une simple communauté d'acquêts, les héritiers de l'autre époux n'auraient jamais à faire la reprise des apports et capitaux réservée par l'article 1525.

Une clause, adjointe quelquefois à la société d'acquêts et qui était surtout usitée dans le Bordelais et dans la Bresse, est celle par laquelle on stipule la réversibilité de cette communauté au profit des enfants à naître du mariage. En suite de cette clause, les enfants devenaient, au décès de leur père ou de leur mère, propriétaires définitifs de cette communauté, dont le survivant restait usufruitier pour moitié. La prévoyance des stipulants, au profit des enfants à naître de leur mariage, s'étend au-delà de leur mort. Le prémourant veut empêcher, qu'après son décès, son conjoint puisse dissiper les économies que l'industrie et le travail communs ont réalisées. Cette modification de la communauté, est-elle encore permise aujourd'hui ? Ce point a donné lieu à une grave controverse.

7

Une première opinion soutient que les principes nouveaux, applicables tant aux donations qu'aux conventions matrimoniales, ne permettent plus cette clause de réversion. En effet, dit-on, cette stipulation ne peut plus valoir, ni comme donation à cause de mort, ni comme donation entre vifs, ni comme institution contractuelle : comme donation à cause de mort, puisque ces donations ne sont plus permises en principe ; comme donations entre vifs, puisque les bénéficiaires de la donation ne sont pas vivants au moment où elle est faite et que le dessaisissement n'est pas irrévocable ; comme institution contractuelle, puisqu'elle n'est pas faite cumulativement au profit de l'un des époux et des enfants, mais au profit des enfants seuls et que, du reste, la donation de biens à venir demeure sans effet au cas de décès de l'époux donataire avant l'époux donateur. Du reste cette stipulation ne serait point valable comme pouvant modifier l'ordre légal des successions.

Malgré ces arguments, nous croyons devoir nous ranger à l'opinion qui reconnaît la validité de la clause qui nous occupe. Ce qui, à l'époque où le titre du contrat de mariage a été définitivement rédigé, paraît avoir le plus préoccupé les législateurs du Code civil, c'est de respecter, autant que possible, au moyen du principe de la liberté des conventions matrimoniales, les usages de chaque province, qui ne présentaient rien de contraire aux idées nouvelles, déjà alors, consacrées par le Code. Cette préoccupation des rédacteurs de notre titre est révélée par l'étude des travaux préparatoires. Spécialement à l'égard de la clause qui nous occupe, M. Duveyrier, dans son rapport au tribunat, disait : « On pourra encore stipuler la totalité des acquêts en faveur de l'époux survivant ou des acquêts en faveur des enfants, pourvu que l'ordre légal des successions soit maintenu, la loi limitative des donations respectée. » Les rédacteurs du Code ont donc consacré la validité de la clause de réversion.

Quant à faire intervenir les règles qui régissent les donations, et prononcer la nullité de cette clause par application de ces règles, c'est aller trop loin. Déjà dans l'ancien droit, cette clause n'était point toujours regardée, même dans les pays de régime dotal, comme constituant une donation, et maintenant surtout, il me semble qu'il est préférable d'y voir, ce qu'elle est en réalité, un simple pacte de mariage, régi, sauf dérogation, par les dispositions qui règlent la communauté conventionnelle. Le titre du contrat de mariage ne prohibe les stipulations de cette sorte qu'autant qu'elles modifient l'ordre légal des successions. Dans les hypothèses où ce résultat ne se présentera pas, il faudra donc respecter cette clause de réversion. Du reste les articles 305 et 306 du Code civil supposent bien la possibilité d'une stipulation semblable au profit des enfants, insérée dans un contrat de mariage. « La dissolution du mariage par le divorce admis en justice, porte l'article 304, ne privera pas les enfants issus du mariage, des avantages qui leur étaient assurés par les conventions matrimoniales de leurs père et mère. » Cet article prévoit les résultats de la clause qui nous occupe. C'est donc évidemment que les rédacteurs du Code n'avaient point l'intention de la prohiber pour l'avenir.

CHAPITRE III

**De la composition active et passive de la communauté
réduite aux acquêts.**

Pour connaître la composition de la communauté
réduite aux acquêts, stipulée seule et indépendamment de toute annexion à un autre régime, il est absolument indispensable de se référer aux règles qui
régissent la communauté légale, toutes les fois que le
régime de communauté d'acquêts et la clause spéciale
adoptée par les époux n'y apportent point de dérogation. C'est là un des points capitaux de cette étude,
une des idées qui doivent nous servir de jalon pour
nous indiquer la route d'où nous ne devrons jamais
nous écarter. La communauté d'acquêts n'est qu'une
modification, une variante de la communauté légale
dont les règles générales doivent toujours s'appliquer
toutes les fois qu'elles ne sont point en contradiction
avec les principes spéciaux qui nous occupent. Cette
proposition, nettement formulée par l'article 1528,
et qui semble déjà ressortir des principes généraux
relatifs aux conventions des parties et au régime de
droit commun qui gouverne les biens des époux à
défaut de conventions, ressort en outre explicitement
de la place qu'occupent les articles 1498 et 1499.
L'article 1497 qui gouverne, pour ainsi dire, toute la
deuxième partie de notre chapitre 2, porte que :
« Les époux peuvent modifier la communauté légale
par toute espèce de conventions, etc. Les principales
modifications sont : 1° Que la communauté n'embrassera que les acquêts. » Il semble bien résulter de

cet article 1497 et de l'art. 1528, que la communauté réduite aux acquêts n'est qu'une communauté réglée par les mêmes dispositions que la communauté légale, sauf les différences résultant de la nature même de la stipulation. Le fond de la nature même du régime est la communauté légale ; mais par une dérogation expresse, elle ne comprend que les acquêts au lieu de comprendre tout à la fois les meubles et les acquêts. C'est à tort, selon nous, que M. Troplong, dans son commentaire du titre du contrat de mariage, après avoir du reste posé au n° 1862 le principe que nous venons d'énoncer, se rétracte pour ainsi dire au n° 1902. « Dans l'espèce qui nous occupe, dit-il, le fond du système matrimonial est l'absence de communauté, sauf les acquêts. » C'est là un point de vue qui pourrait se justifier dans le cas d'adjonction d'une société d'acquêts au régime dotal, mais qui, dans sa généralité, me paraît en opposition formelle avec les principes généraux de notre matière et avec l'article 1497. Les époux entendent déroger à la communauté légale en ce sens qu'ils ne veulent rien mettre dans la communauté que leurs espérances, leurs acquisitions futures, les gains qu'ils pourront faire sans engager en aucune façon les biens qui leur appartiennent ou qu'ils sont appelés à posséder plus tard. Ils se placent dans cette hypothèse qui peut se présenter sous le régime de la communauté légale de meubles qui se trouvent exclus de cette communauté, et ils veulent que les meubles qui leur appartiennent soient régis par les mêmes dispositions et leur demeurent propres. Mais ils n'entendent en aucune façon se soumettre quant au fond de leur régime matrimonial à un autre régime que le régime en communauté, et il serait peu juridique de le supposer. A partir du moment du mariage il y a entre les époux une véritable communauté, une véritable société ; mais cette société au lieu d'avoir un actif réel et appréciable en argent au moment de sa naissance, n'est pour ainsi dire qu'une société d'espérance dans laquelle l'apport de chacun des époux se borne à ce qui pourra être acquis par son travail et son industrie, ou par les économies réalisées sur ses revenus.

Ce principe posé, voyons les dérogations que la réduction de la communauté aux acquêts apporte à la communauté légale, d'abord en ce qui concerne l'actif de la communauté. D'après l'article 1401 la communauté légale se compose activement : 1° du mobilier des époux présent et futur ; 2° des fruits et revenus de leurs propres ; 3° des immeubles acquis en commun. C'est au premier paragraphe de cet article que déroge notre stipulation. Le mobilier appartenant aux époux au jour de la célébration du mariage et celui qui leur échoit postérieurement est exclu de la communauté. Il n'y a plus de mise sociale, créée à forfait par la loi et consistant en la fortune mobilière de chacun d'eux.

Il nous parait inutile d'insister sur certaines expressions de l'article 1498 qui sembleraient devoir entraîner une exclusion plus considérable et réduire la communauté à peu près aux seuls acquêts immobiliers. « Lorsque les époux stipulent qu'il n'y aura entre eux qu'une communauté d'acquêts, ils sont censés exclure de la communauté et les dettes de chacun d'eux actuelles et futures, et leur mobilier respectif présent et futur. » Il semblerait résulter de cet article que tous les biens mobiliers acquis par chacun des époux, de quelque source qu'ils lui proviennent d'ailleurs, lui restent propres, de telle sorte que ces biens n'entrant pas en communauté, elle pourrait ainsi se trouver réduite à rien. Mais dans cet article 1498 le législateur a voulu simplement se référer à l'article 1401 et effacer pour le régime qui nous occupe la disposition du paragraphe premier de cet article, et il en a repris les termes sans observer qu'ils exprimaient plus que sa pensée.

Il faut donc distinguer : ni le mobilier appartenant aux époux au jour du mariage, ni celui qui peut leur advenir depuis à titre de succession ou de donation ne tombera en communauté. Mais quant au mobilier provenant d'une autre source, de l'industrie ou du travail des époux, il tombe dans la communauté d'acquêts. Le deuxième alinéa de l'article 1498 rectifie formellement le premier.

Entre donc en première ligne dans l'actif de la communauté réduite aux acquêts tout ce qui provient de l'industrie des époux, aux termes de l'article 1498. Cet article 1498, alinéa 2, présente du reste une expression sur laquelle il est peut-être nécessaire de s'expliquer. Le partage, dit-il, se borne aux acquêts provenant de l'industrie commune, etc. Il ne faut pas entendre ces mots : *industrie commune* comme restreignant l'actif de la communauté aux acquisitions qui ont nécessité le concours matériel de chacun des époux et l'intervention simultanée de l'industrie et du travail de chacun d'eux. Comme on l'a dit avec beaucoup de raison, les mots *industrie commune* ne signifient pas un travail nécessairement collectif; ils ne signifient que le travail de l'un et de l'autre, le travail qui, bien que fait séparément et dans des spécialités différentes, tourne cependant à l'utilité commune. En d'autres termes, c'est le produit du travail, individuel ou collectif, fait pendant la communauté d'intérêts résultant du mariage. La terminologie adoptée par le Code civil avait déjà du reste été employée par les lois barbares, à propos des profits communs au partage desquels elles admettaient la femme : *Quod simul collaboraverint; ex mutuâ collaboratione.*

Tout ce qui entre dans la communauté légale comme provenant du travail ou de l'industrie de l'un des époux, entrera donc aussi dans l'actif de la communauté réduite aux acquêts, mais avec cette différence que cette dernière ne profitera des bénéfices ainsi produits qu'autant qu'ils seront advenus postérieurement au mariage. Quant aux produits de l'industrie ou du travail de l'un des époux antérieurs au mariage, ils ne tomberont point dans la communauté réduite aux acquêts comme ils tomberaient dans la communauté légale. La communauté d'acquêts n'aura droit qu'aux revenus et aux produits assimilables aux revenus des travaux exécutés ainsi par l'un des époux, avant son mariage. Il est, du reste, quelques-unes de ces acquisitions, à propos desquelles il est nécessaire d'entrer dans quelques détails.

La propriété des compositions littéraires ou scientifiques, des œuvres d'art ou des inventions faites pendant le mariage entrera dans la communauté d'acquêts. C'est à tort qu'on s'est fondé sur l'article 39 du décret du 5 février 1810, pour exclure cette propriété de la communauté légale et *à fortiori* du régime qui nous occupe. Le droit de l'auteur sur les ouvrages qu'il a créés est régi sous ce rapport par les mêmes règles que tout autre droit mobilier, et il tombe entièrement en communauté lorsqu'il est le produit d'un travail fait pendant l'existence de cette communauté. Ce point ne peut plus maintenant être contesté en présence de l'article premier de la loi du 11 juillet 1866; mais il ne pouvait guère l'être avant cette loi et les arguments présentés en sens contraire avaient été victorieusement réfutés par M. le procureur général Dupin, à propos d'un pourvoi qui avait porté cette question devant la Cour de Cassation. La loi, disait-il, ne considère pas le moment où le peintre, le poëte, le musicien conçoit son œuvre, mais le moment où l'ouvrage est achevé, où il est devenu une chose susceptible de vente, de louage, de cession en tout ou en partie, en un mot le moment où l'artiste se fait marchand. Alors le prestige de l'art s'évanouit pour faire place au droit civil. Or, toutes choses mobilières ayant une valeur lucrative ou susceptible de donner des bénéfices entrent dans la communauté. La communauté deviendra donc propriétaire des ouvrages publiés pendant sa durée par l'un des époux, et le conjoint survivant, indépendamment du droit de jouissance que lui accorde la loi du 11 juillet 1866, pourra les faire comprendre dans l'actif à partager. Nous aurons du reste dans un autre chapitre à examiner les droits de la communauté et de son chef sur les productions ainsi tombées en communauté.

Quant aux manuscrits achevés ou non, mais non encore publiés par l'époux qui en est l'auteur, la question de savoir s'ils tombent ou non dans la communauté réduite aux acquêts me paraît une pure question de fait. Les tribunaux auront à examiner s'ils ont été faits pour être publiés, et s'ils sont dans un état qui en permette la publication, et leur donne ainsi une valeur vénale. Dans ce cas, la propriété en devra tomber en communauté comme tout autre produit du travail ou tout autre fruit de l'industrie des époux. C'est la règle générale à laquelle il faut revenir. Mais s'il s'agit de manuscrits qui n'ont point été faits en vue d'une publication et qui n'y sont point propres par leur caractère, essais d'un auteur qui croit se deviner ou souvenirs d'études ou d'émotions passées, la communauté qui est formée en vue de bénéfices à obtenir ou de gains et d'économies à réaliser n'a rien à prétendre sur ces feuilles ou ces ébauches qui constituent non point une marchandise, une valeur appréciable en argent, mais, si je puis m'exprimer ainsi, un accessoire de l'intelligence de l'auteur, exercée par ces essais ou complétée par ces souvenirs qu'il n'osait confier à sa mémoire seule.

Cette distinction n'était point admise par Pothier (*Traité de la communauté*, n° 682), qui excluait dans tous les cas de la communauté les manuscrits non publiés comme choses inestimables qui ne sont pas censés faire partie d'une communauté de biens, ni même d'une succession. Mais ce point de vue, vrai dans la seconde hypothèse, ne me paraît plus exact dans le cas où le manuscrit contient une œuvre douée d'une existence propre qui peut être publiée sans inconvénient, et présente ainsi une valeur appréciable en argent. Ce n'est point par sa publication seule qu'un manuscrit acquiert une valeur appréciable en argent, c'est par la possibilité que cette publication intervienne. C'est ainsi qu'il devient marchandise et, à ce titre, acquêt comme rémunération pécuniaire d'un travail appartenant à la communauté.

On décide généralement du reste que si la communauté se dissout autrement que par le décès de l'auteur de l'ouvrage, du manuscrit ou de l'œuvre d'art, le caractère éminemment personnel de cette propriété, empêchera qu'elle puisse lui être ravie. Il ne pourra être obligé qu'à tenir compte de sa valeur à son conjoint ou à ses héritiers, tout en en restant le maître. Encore ne doit-il tenir compte de cette valeur que lorsqu'il s'agit d'une œuvre qui, appréciable pécuniairement, est tombée dans la communauté. Quant à ses manuscrits ou ébauches qui ne servent qu'à exercer son talent ou compléter sa mémoire, ils restent exclusivement sa propriété sans qu'il ait à fournir de contre-valeur; pas plus qù'il ne devrait fournir de récompense par sa capacité personnelle que son travail pendant la communauté a pu augmenter.

La propriété littéraire ou artistique ne tombe en règle générale dans la communauté réduite aux acquêts qu'autant qu'elle résulte d'un travail accompli durant la communauté, conformément au principe que nous avons posé plus haut. Quant au droit de la communauté sur les œuvres créées par l'un des époux antérieurement au mariage, il peut varier suivant les circonstances. Si l'époux, auteur, a réalisé en argent antérieurement au mariage l'œuvre qu'il a faite, la communauté réduite aux acquêts n'a sur cette somme que le droit d'usufruit que nous aurons tout à l'heure à lui reconnaître sur les propres des époux. Si l'œuvre est vendue pendant le mariage, le même résultat se produit à partir du moment de la vente. Si au contraire elle n'a point été vendue, la communauté n'a droit qu'aux produits qui présentent le caractère de fruits. Si par exemple il s'agit d'un ouvrage, d'un livre, d'une pièce de théâtre, faits antérieurement au mariage, la communauté aura droit aux bénéfices produits pendant le mariage par la vente des exemplaires ou la perception des droits d'auteur. Quant à l'hypothèse d'un ouvrage dont la cession aurait été faite avant sa confection antérieurement à la communauté réduite aux acquêts, celle-ci aurait droit au prix de la cession, si l'ouvrage, quoique vendu antérieurement, n'avait été effectué que pendant sa durée.

La question de savoir en fait, si un ouvrage doit être légalement considéré comme ayant été fait antérieurement au mariage ou pendant la communauté, devra se résoudre suivant les distinctions que nous aurons à étudier plus loin à propos de l'article 1499.

Les gratifications allouées par l'Etat ou par des particuliers, compagnies de chemin de fer ou autres, pour services rendus tomberont-elles dans la communauté réduite aux acquêts? Quant à moi, je n'hésite point à en déclarer la communauté propriétaire, si d'ailleurs, ces gratifications ne présentent point en elles-mêmes un caractère d'incessibilité qui puisse en empêcher la communication à la communauté. Il y a, en général, dans la récompense ainsi accordée, moins une donation véritable que la récompense d'un service, un équivalent qui est dû naturellement par celui à qui ce service a été rendu, et qui, comme rétribution de tout travail, quel qu'il soit, de l'un des époux, doit tomber en communauté. C'est donc, suivant moi, avec beaucoup de raison que la jurisprudence et la majorité des auteurs attribuent à la communauté les sommes qui ont une semblable origine. Il en devrait même encore être ainsi, en l'absence de toute constatation légale, si la récompense avait été allouée pour des services en partie antérieurs au mariage. La gratification tomberait en communauté pour le tout. Il est bien entendu que, comme dans la communauté légale, cette mise en communauté ne peut se produire qu'au cas ou il s'agit d'une gratification pécuniaire ou dans laquelle la valeur pécuniaire est la plus importante, mais qu'elle n'aurait point lieu pour les récompenses qui consistent en un honneur ou en un souvenir. De même elle n'aurait point lieu non plus si en fait, on se trouvait dans l'hypothèse de l'alinéa suivant.

L'indemnité accordée à la victime d'un accident par application des articles 1382 et suivants du Code civil, fera-t-elle partie de l'actif de la communauté d'acquêts? Je ne le crois point, en principe du moins. Cette indemnité n'est plus le produit d'un travail appartenant à la société conjugale, c'est la représentation de ce travail lui-même envisagé comme capital. Il semble donc, surtout si la communauté se dissout autrement que par le prédécés de celui auquel est arrivé l'accident, que la communauté d'acquêts ne doive avoir droit qu'aux revenus de cette indemnité. Si les tribunaux, comme ils le font souvent, avaient accordé une rente viagère à la victime, la communauté percevrait les arrérages de la rente pendant sa durée. Mais cette indemnité tomberait en communauté pour le tout, si le délit ou quasi-délit qui lui donne naissance, consistait en violences et coups n'ayant occasionné qu'une incapacité de travail temporaire. L'indemnité allouée non point à la victime elle-même, mais à son conjoint ou à ses héritiers, même en leur nom personnel, devrait aussi pour le capital être exclue de la communauté. La même solution devrait être donnée pour les sommes payées par une compagnie d'assurances contre les accidents, alors même que les primes, retenues par exemple sur le travail journalier, auraient été en réalité payées des deniers de la communauté.

Les bénéfices ou gains qui proviennent en tout ou

partie du hasard, tomberont-ils dans la communauté réduite aux acquêts? Et quant aux gains faits au jeu, les bénéfices produits par les spéculations faites sur les marchandises ayant des cours variables, ou sur les valeurs de bourse, sont dûs, dans une certaine mesure, aux calculs, aux recherchés, enfin à ce que la loi appelle l'industrie de l'époux spéculateur. Cela est tellement vrai, qu'en fait, ces sortes de spéculations constituent quelquefois un véritable commerce, occupant exclusivement ceux qui s'y livrent, et qu'elles ne diffèrent d'opérations généralement considérées comme sérieuses que par la prédominence excessive de leur caractère aléatoire. En vain objecterait-on que ces bénéfices sont, aux yeux de la loi, illicites et déshonnêtes, qu'ils ne peuvent pas plus tomber en communauté qu'ils ne tomberaient dans la société qui serait formée pour l'exploitation de pareils bénéfices et dont la nullité ne saurait être douteuse. Il ne s'agit point ici d'une société ordinaire ayant un but spécial et déterminé. La communauté qui règle les intérêts conjugaux est générale; elle s'étend à tout produit de l'industrie, et généralement à tout ce que l'un des époux ne prouve point lui appartenir en propre. Pour admettre que les bénéfices de jeu ne tombent point en communauté, il faudrait donc autoriser l'époux qui les a réalisés à venir faire à son profit la preuve de leur origine illicite, preuve que la loi n'autorise même pas le joueur malheureux à rapporter lorsqu'il a payé. Ce serait un genre de preuve contraire à l'esprit des articles 1965 et 1967, surtout au profit de l'époux, à qui seul peut être reprochée la turpitude du bénéfice. On objecte en vain que la loi ne donnant point d'action pour les dettes de jeu, la communauté n'est point forcée de payer en cas de perte. Cela est vrai pour le cas où les dettes de jeu n'ont point été soldées ; mais lorsqu'elles l'ont été avec l'argent de la communauté, par le mari ou par la femme, de lui assistée ou autorisée, il me paraît impossible de ne point imputer ce paiement sur la communauté en présence des principes relatifs au passif de la communauté et à l'administration et aux pouvoirs du mari sur les biens qui la composent. Aussi, en sens inverse, il ne faut point hésiter, selon moi, à attribuer ces bénéfices à la communauté. Il en serait de même de tous les bénéfices dont l'origine aurait un caractère illicite, contrebande, vol, etc. L'époux, auteur de ces délits, ne pourrait arguer de sa faute pour en soustraire le produit à la communauté d'acquêts.

Quant aux gains de jeu qui ne proviennent que d'un pur effet du hasard, comme ceux faits à une loterie au moyen d'un billet acheté par l'un des époux pendant la communauté, je crois qu'il faut, en thèse, les comprendre dans l'actif de la communauté. Sans doute il n'y a plus ici un travail véritable, et c'est peut-être aller trop loin que de s'appuyer sur un calcul possible. Mais ce qui me paraît concluant, c'est que, le billet de loterie provenant des deniers de la communauté, le bénéfice qui en résulte doit lui être attribué. Si on envisage l'achat du billet de loterie comme une convention destinée à produire des bénéfices, nous retombons sous le principe général qui attribue ces bénéfices à la communauté ; si l'époux qui a acheté le billet de loterie voulait se procurer les émotions que peuvent donner les hasards de la loterie, ou si, moins illusionné sur les chances incertaines du sort, il voulait concourir à une bonne œuvre, la communauté qui doit payer ces sortes de dépenses, doit, par la plus juste des réciprocités, profiter des rares bénéfices qu'elles peuvent procurer.

Aussi, dans l'espèce qui nous occupe, le bénéfice ainsi advenu doit, selon nous, tomber dans la communauté réduite aux acquêts. Mais il en serait autrement, si le billet de loterie appartenait antérieurement au mariage, à l'époux favorisé par le sort. Il faudrait alors le regarder comme l'instrument, le titre d'une espèce de créance conditionnelle du lot à échoir à ce billet par la roue de fortune, à supposer qu'il en échut un.

Une hypothèse analogue qui peut fréquemment se présenter, est celle où un des époux est propriétaire d'obligations, dont le remboursement s'effectue par des tirages avec prime, comme les emprunts de certains gouvernements, de certaines compagnies de crédit et un grand nombre d'emprunts municipaux. Malgré l'analogie que paraît présenter, au premier abord, cette question avec la précédente, il ne peut plus être question ici de la présomption générale que toute acquisition faite, l'est des deniers de la communauté, puisque nous avons supposé, en fait, qu'il s'agit d'un propre mobilier de l'un des époux. C'est un placement de fonds et non plus une dépense qui ait dû nécessairement être payée avec les deniers de la communauté. A un autre point de vue, on peut considérer que l'obligation remboursable, avec prime, a pour objet un capital variable quant à son *quantùm* et quant au terme d'exigibilité, et dont le montant et l'échéance ne se fixent que par les tirages périodiques qui sont faits. Lorsque le tirage est intervenu, l'obligation est censée avoir toujours eu pour objet le lot qui lui est échu. Ce n'est alors, pour le tout, que le remboursement d'une créance propre, le capital ainsi remboursé doit donc rester propre. On dirait, en vain, que les primes étant la compensation des revenus, la communauté, qui perd ces revenus, doit profiter de la chance de gain qui en est la contre-valeur. Cette chance de gain, en effet, consiste dans une augmentation du capital qui en est inséparable et qui s'identifie avec lui. La communauté, n'ayant droit qu'aux revenus, ne peut prétendre à cette augmentation du capital qui ne constitue point une acquisition nouvelle. La même solution doit être donnée, *a fortiori*, pour les obligations, comme les obligations des Compagnies de chemin de fer, émises au-dessous du pair, et remboursables au pair par tirages périodiques.

Lorsqu'à la suite de la découverte d'un trésor, tout ou partie en est dévolu à l'un des époux, la portion ainsi attribuée tombe-t-elle dans la communauté réduite aux acquêts? Cette question, vivement controversée sous l'empire de la communauté légale, soulève aussi de vives discussions sous ce régime, non point quant à la portion dévolue *jure soli* qu'on s'accorde unanimement à reconnaître propre à l'époux propriétaire du fonds où il a été trouvé, mais quant à la partie attribuée *jure inventionis* à celui qui l'a découvert. La majorité des auteurs prétendent qu'elle lui reste propre comme n'étant qu'un pur don de fortune, *donum dei*, disaient les anciens auteurs, ne supposant pas, par hypothèse, le travail de l'un des époux, dirigé sur ce point. D'autres, au contraire, la font tomber dans la communauté, si le trésor a été découvert pendant le travail de l'un des époux, travail appartenant à la communauté. La première opinion me paraît préférable. Sans doute, il y a là une augmentation de fortune qui semblerait, comme toute augmentation en général, devoir tomber dans la communauté d'acquêts. Mais cette augmentation constitue un capital qui doit être soustrait à la société d'économies et de revenus qui nous occupe. En vain objecterait-on que cette heureuse échute, qui constitue le trésor, est l'annexe, l'accessoire d'un travail dont le produit est dû à la communauté. La cause déterminante de l'acquisition, n'est point le travail, mais l'occupation qui a été concomitante à la découverte. Ces raisons me portent à exclure de la communauté réduite aux acquêts la portion dévolue *jure inventionis* qui, ici, est toujours exclue, que le trésor ait été trouvé caché dans un meuble ou enfoui dans un immeuble.

L'indemnité due par une Compagnie d'assurances, à la suite d'un sinistre ayant consumé des biens mobiliers ou immobiliers propres à l'un des conjoints ne tombera point dans la communauté, alors même que le contrat d'assurances aurait été conclu pendant sa durée et les primes payées avec ses deniers. C'est la même solution que pour la communauté légale; seulement on se trouvera plus souvent que sous ce régime, en présence de meubles propres. De même, pour les assurances sur la vie humaine, il faut adopter les solutions reconnues sous le régime de droit commun, quant à l'attribution de la somme à payer par la Compagnie assureur. La question qu'on pourrait se poser spécialement à notre régime est relative aux contrats passés antérieurement au mariage et ayant pour objet un capital différé payable à l'assuré en cas de survie. Le bénéfice devrait, ici, en être attribué exclusivement à l'époux assuré ou à ses héritiers, sous réserve du reste du remboursement des primes payées par la communauté et constituant une dette propre.

Les offices ministériels constituent aussi une propriété toute spéciale dont il est nécessaire de nous occuper relativement au point de savoir dans quelles conditions ils devront tomber dans la communauté réduite qui nous occupe. On sait qu'un office même tombant en communauté, n'y tombe que pour la valeur vénale qui est l'équivalent de la pratique ou clientèle, et du droit de présentation reconnu par la loi du 28 avril 1846. Quant au titre même de l'office, il ne tombe jamais en communauté, étant de sa nature hors de commerce. Si la communauté se dissout autrement que par le prédécès du mari titulaire de l'office, la femme ou ses héritiers ne peuvent forcer le mari à se démettre de l'office ; il n'est obligé qu'à leur tenir compte de sa valeur vénale,

Ces principes succinctement rappelés, examinons les diverses hypothèses qui peuvent se présenter. Si, au moment du mariage, le mari était titulaire de l'office, cet office lui reste propre, quant au titre et quant à la valeur vénale ; c'est, comme nous le verrons, l'effet normal de la réduction aux acquêts. Le droit de la communauté se bornera à tous les bénéfices et émoluments produits par l'office pendant sa durée.

Aura-t-elle droit à l'augmentation de valeur que l'office acquiert pendant cette période, à l'excédant pouvant exister au moment de la dissolution de la communauté, sur la valeur de l'office au moment du mariage ? La cour de Bordeaux a jugé l'affirmative dans un arrêt très-connu, l'arrêt Rabouard, (29 août 1840, Sirey, 41, 2, 142), et là jurisprudence semble adopter en général cette opinion, au moins pour le cas où la plus-value provient des talents et du travail de l'époux, officier ministériel, et non de l'augmentation générale de cette sorte de propriété. Il y a là, en effet, dit-on, une valeur produite par l'industrie du mari, qui a mis tous ses soins et tout son travail à l'accomplissement des devoirs de son office. La plus-value est donc un acquêt de communauté.

L'opinion contraire me semble préférable. Sans doute, dans l'hypothèse qui nous occupe, c'est la capacité et les soins apportés par le mari à l'exercice de ses fonctions, qui ont créé cette plus-value, mais elle forme une partie intégrante d'un propre qui en est inséparable, et qui pour cette raison, ne peut être considéré comme acquêt. Il y a là une situation analogue au cas où, par suite du bon entretien des biens propres aux époux, et sans impenses spéciales de la part de la communauté, ces biens augmentent de valeur; par exemple un champ qu'une culture intelligente rend fertile, alors qu'il était au moment du mariage presque stérile. Malgré son augmentation de valeur, il reste propre pour le tout à l'époux propriétaire, et sans récompense pour cette valeur, si l'amélioration est une de ces améliorations lentes qui n'a point nécessité de dépenses excédant les dépenses ordinaires de culture. Il doit en être de même dans notre hypothèse. On objecte qu'il n'y a point là une augmentation naturelle, un fait naturel dans lequel le travail de l'homme n'est pour rien. Mais peu importe la cause de cette augmentation de valeur, si elle est tellement inséparable du propre que le prélèvement de l'un entraîne le prélèvement de l'autre, et qu'elle ne constitue point un véritable acquêt.

Lorsque l'office n'a été acquis par le mari que postérieurement au mariage, la valeur vénale en tombera évidemment dans la communauté qui en fournit le prix, à moins qu'il ne soit acquis en remploi de valeurs propres au mari, conformément aux conditions que la loi détermine. Quant à l'office concédé gratuitement au mari par le gouvernement, tombera-t-il dans la communauté réduite aux acquêts ? Nous n'hésitons pas à le décider ainsi, quoique la question ait été controversée. La concession gratuite de l'office faite au mari, n'est pas une donation véritable. Le choix du gouvernement qui l'investit de fonctions publiques, est déterminé par son aptitude, sa capacité, ses talents actuels, et par l'espoir qu'ils l'aideront à remplir dignement les devoirs de sa charge. C'est la récompense de son industrie *sensu lato*, récompense qui doit, conformément à la règle que nous avons exposée plus haut, entrer dans la communauté d'acquêts. C'est du reste le travail du mari, qui va attacher une clientèle au titre nu qui lui est concédé, et lui donner une valeur véritable. Le motif qui nous a porté tout à l'heure à exclure de la communauté la plus-value de l'office, ne se présente du reste plus ici, puisqu'il s'agit d'un acquêt ayant par lui-même une existence indépendante et une valeur propre.

Il faut appliquer aux fonds de commerce les solutions que nous avons données pour les offices ministériels avec cette différence que les fonds de commerce tombés en communauté devront, à défaut de stipulation spéciale du contrat de mariage, être compris dans le partage comme toute autre valeur, sans que l'époux qui exerce le commerce y ait un droit exclusif, mais aussi sans qu'on puisse lui interdire de créer un nouvel établissement. Le fonds de commerce appartenant à l'un des époux avant le mariage ou acquis par lui depuis, à titre de succession ou donation ou pour lui servir de remploi, lui restera propre non seulement pour la valeur qu'il avait au moment du mariage, mais même pour la plus-value que lui a apportée l'activité industrielle de cet époux. Au contraire ce fonds de commerce tombera en communauté s'il a été acquis par la communauté ou créé par l'un des époux pendant sa durée.

Lorsqu'un des époux, comme la clause est très-fréquente dans les ventes de fonds de commerce, s'engage au profit d'un tiers et moyennant une somme déterminée à ne point exercer une industrie ou un commerce dans une ville, cette somme tombe à mon avis en communauté. Ici encore c'est un produit de l'industrie de l'époux. Cette industrie appartenant à la communauté, le prix qui en est l'équivalent doit aussi lui appartenir.

Les bénéfices produits par l'industrie de chacun des époux ne tombent en communauté, avons-nous vu, qu'autant qu'il s'agit d'un travail fait pendant sa durée. Tout produit d'un travail postérieur en est exclu. Néanmoins il faut pour les mêmes motifs apporter ici une dérogation analogue à celle que l'article 1868 du Code civil a introduite pour les sociétés. Les bénéfices produits par le travail de l'un des époux tomberont en communauté s'ils sont une suite nécessaire de ce qui s'est fait avant sa dissolution.

Tombent encore dans la communauté réduite aux acquêts les fruits et revenus des biens des deux époux. Ces expressions de l'article 1498 se réfèrent évidemment au paragraphe deuxième de l'article 1401 qui établit en des termes beaucoup plus longuement développés l'usufruit de la communauté sur les propres des époux. Toutes les règles relatives à cet usufruit de la communauté légale s'appliquent sous la clause spéciale qui nous occupe et il nous suffit presque de renvoyer aux règles générales de la communauté légale. Cet usufruit portera sur tous les propres mobiliers ou immobiliers, et il faudra appliquer aux propres mobiliers qui constituent le droit normal sous notre régime les règles qu'on applique dans la communauté légale lorsqu'il s'en trouve par exception. Ainsi , pour ne citer que quelques exemples, la communauté réduite aux acquêts aura droit pendant sa durée, notamment : aux fruits des biens propres réalisés par la perception ou jour par jour suivant les règles de l'usufruit; à la jouissance du bail consenti à l'un des époux antérieurement au mariage sous la condition de payer le. prix du loyer ou fermage ; aux arrérages des rentes viagères appartenant à l'un des époux, au moins dans le système qui , avec raison à mon avis, attribue à la communauté légale sans récompense les arrérages des rentes viagères constituées moyennant l'aliénation d'un immeuble propre à l'un des époux ; aux produits des mines et carrières et des coupes de bois, suivant les distinctions posées par l'article 1403; aux bénéfices provenant d'un usufruit portant sur des meubles ou des immeubles et appartenant aux époux.

Les dérogations apportées aux règles générales de l'usufruit pour le droit de jouissance de la communauté légale par la nécessité de ne pas permettre aux époux de s'avantager au détriment de la communauté ou d'avantager celle-ci au détriment de leurs propres s'appliqueront aussi sous notre régime. Ainsi la communauté réduite aux acquêts aura droit à récompense pour les fruits qu'elle aurait pu percevoir sur les biens propres de l'un des époux et qu'elle n'aurait point perçus. Elle aura droit aussi, comme la communauté légale, à récompense pour les frais de semences et de labour des fonds propres des époux, ensemencés à sa dissolution, si on admet l'opinion de la jurisprudence et d'un grand nombre d'auteurs qui repoussent avec raison l'application à cette hypothèse de l'article 585 du Code civil.

En sens inverse et c'est ici une question spéciale à notre clause, et qui ne peut se présenter sous le régime de droit commun) la communauté qui a droit aux fruits des biens propres postérieurement au mariage, doit-elle récompense à l'époux propriétaire pour les frais de semence et de labour par lui déboursés antérieurement, pour la production de ces fruits? On a soutenu que la communauté réduite aux acquêts ne devait pas cette récompense, moins par application de l'article 585 du Code civil que par ce que, dit-on, on peut fort bien soutenir que l'époux a voulu que la société profitât de l'état de choses, tel qu'il avait été constitué par lui au moment où il a pris naissance. Mais c'est là précisément la question à résoudre, et il me semble plutôt que l'intention des époux en réduisant la communauté aux acquêts a été de ne faire qu'une société de bénéfices et de revenus, en gardant propre tout capital. Or, ce serait faire plus qu'une société de bénéfices si la communauté d'acquêts pouvait percevoir en totalité les fruits, sans tenir compte des dépenses faites pour les produire. En restreignant la communauté aux acquêts, l'intention de chacun des époux est précisément de ne rien abandonner de ce qui lui appartient, de ne constituer qu'une société d'espérance. L'époux à qui appartient le propre serait dépouillé si on ne lui remboursait pas les dépenses qu'il a faites pour obtenir des fruits dont il ne profite pas personnellement. Admettre en principe qu'il ait voulu mettre en communauté les fruits de son propre, sans déduction des dépenses, c'est aller directement contre l'esprit de la clause qu'il a stipulée. Du reste, la présomption admise par le système que nous combattons est aussi contraire aux principes généraux qu'à l'esprit de notre clause spéciale. Les fruits en effet ne sont envisagés en principe que sous la déduction des dépenses faites pour les produire : *fructus non sunt nisi deductis impensis*, règle consacrée dans sa généralité par l'article 548 du Code civil.

Enfin la communauté réduite aux acquêts est propriétaire, sauf les exceptions que nous allons étudier, de toutes les acquisitions faites pendant sa durée soit par les époux ensemble, soit par l'un d'eux séparément, et tout bien qui se trouve en la possession des époux à la dissolution de la communauté est, sauf la preuve contraire, présumé acquis pendant la communauté et la propriété de celle-ci. Les articles 1401, § 3 et 1402 posent expressément ce principe, quant aux immeubles sous la communauté légale dont les règles s'appliquent ici à défaut de dérogation. L'article 1499 étend aux meubles sous notre régime les principes de l'article 1402 avec les dérogations nécessaires aux yeux de la loi pour cette nature de biens.

Nous n'avons point, pour ainsi dire, à nous occuper ici des acquêts immeubles. Ils sont régis par les règles de la communauté légale exposées dans les articles 1402, 1404 et suivants, dont l'étude ne rentre point dans le cadre spécial de cette thèse. Ainsi, de même que sous la communauté légale, ne seront point à fortiori conquêts sous notre régime les immeubles dont l'un des époux avait la propriété ou la possession antérieurement au mariage ou qui lui sont échus depuis, à titre de succession ou de donation, les immeubles cédés à l'un des époux par un ascendant même à titre onéreux ; les immeubles échangés contre des propres, les acquisitions donnant lieu au retrait d'indivision ou faites par suite d'un remploi réunissant les conditions prescrites par la loi, etc.

Une question controversée qui pourrait surtout s'élever sous la communauté réduite aux acquêts, est celle de savoir si un immeuble peut être acquis en remploi de propres mobiliers appartenant à l'un des époux, à défaut de stipulation d'emploi dans le contrat de mariage. Ce qui semblerait pouvoir faire naître un doute sur la possibilité de ce remploi, c'est que les articles 1434 et 1435 ne parlent de remploi qu'au cas d'acquisition faite des deniers provenus de l'aliénation d'un immeuble. Quelques auteurs s'appuyant sur les termes de ces articles, ont regardé comme conquêt de communauté l'immeuble acquis en remploi de deniers propres à l'un des époux, mais ne provenant pas de tout ou partie de l'aliénation d'un immeuble, malgré l'accomplissement des conditions prescrites par les articles 1434 et 1435, sauf la récompense de ces deniers. Cette doctrine avait été suivie par certains arrêts et notamment par un arrêt de la cour de Douai (affaire Testelin, 2 avril 1846, Dalloz, *Recueil périodique*, 47, 2, 198.) Mais l'argument ainsi tiré des articles 1434 et 1435 ne me paraît guère suffisant pour repousser le remploi dans notre hypothèse. Sans doute ces articles paraissent dans leurs termes borner le remploi en immeubles à l'acquisition payée avec le prix provenant de la vente d'un immeuble propre. Mais il ne faut point les prendre à la lettre. Dans ces articles, placés au titre de la communauté légale, la loi a statué *de eo quod plerumque fit*. Les propres mobiliers n'étant qu'une exception sous ce régime, elle ne s'est point exprimée formellement à leur égard comme pour les propres immobiliers. Du reste, l'article 1595, § 2, tranche la question d'une manière positive en ce qui concerne les propres mobiliers de la femme. Cette dérogation formelle aux termes de l'article 1435 doit être étendue à l'article 1434, et permettre au mari, sous les conditions prescrites par cet article, le remploi en immeubles des deniers propres lui appartenant. Il ne me paraît point y avoir de raison sérieuse de décider le contraire, et la faculté de remploi dans notre hypothèse a été reconnue aux deux époux par le plus grand nombre des auteurs. De même la jurisprudence paraît maintenant fixée en ce sens. (Civ. Cass. 16 novembre 1859, Dalloz, *Recueil périodique*, 59, 1, 490; Douai, 15 juin 1861, 62, 2, 160).

La solution que nous donnons sur cette question nous dispense d'examiner celle de savoir si l'article 1404, alinéa 2, s'applique à la communauté réduite aux acquêts et si les immeubles acquis dans l'intervalle du contrat de mariage au mariage tomberont en communauté, sauf récompense du prix. La négative résulte de la possibilité d'un remploi même pendant le mariage et de ce que les motifs qui ont fait édicter la disposition de l'article 1404 ne s'appliquent plus ici en l'absence de tout préjudice possible pour la communauté.

La même solution devrait pour les mêmes raisons et malgré les termes restrictifs de l'article 1407 être étendue à l'immeuble acquis pendant la communauté en échange de meubles propres à l'un des époux à qui appartenaient les valeurs données en contre-échange.

Ne serait point propre au contraire l'immeuble donné en paiement d'une créance propre à l'un des époux, à moins qu'il ne soit déclaré que l'immeuble doit lui servir de remploi, conformément aux articles 1434 et

1435 (Civ. Cass. 26 juillet 1869, Dalloz, *Recueil périodique*, 69, 1, 455.) Il y a là simplement une vente dont le prix est déclaré compensé avec la créance de l'acquéreur. Les choses doivent se passer comme si cette créance avait été touchée par le mari et qu'il eût acheté un immeuble avec le prix sans déclaration de remploi.

Le point auquel nous avons surtout à nous placer est celui de savoir, relativement aux meubles, lesquels devraient être considérés comme conquêts, lesquels devraient au contraire rester propres. Le principe général pour les meubles sous notre régime comme pour les immeubles sous la communauté légale (article 1402) c'est que tout meuble est réputé conquêt à moins qu'il ne soit légalement prouvé propre à l'un des époux. Sous notre régime les meubles doivent à ce point de vue être traités comme les immeubles. Ils seront propres toutes les fois que dans des circonstances analogues un immeuble resterait propre sous la communauté légale. En raison de ce caractère particulier à notre régime, nous croyons avoir à étudier ici spécialement les cas dans lesquels des meubles restent propres. Les meubles qui ne rentreront point dans l'une des catégories que nous allons indiquer seront conquêts. Quant à la preuve du fait d'où dérive la qualité de propre, elle incombe à celui qui veut établir à son profit qu'un immeuble a cette qualité, et déroger ainsi à la présomption générale. Nous verrons tout-à-l'heure comment doit être faite cette preuve.

Sont propres sous notre régime tous les meubles dont les époux étaient propriétaires au moment du mariage, de même que sous la communauté légale l'article 1402 réserve aux époux leurs immeubles. Il n'y a point à distinguer entre les meubles par leur nature et les droits auxquels leur objet fait donner la qualité de meubles, créances, rentes, etc. Rien de ce dont un des époux était propriétaire au moment du mariage ne tombe en communauté, alors même qu'il s'agirait d'un droit conditionnel et que la condition ne se serait réalisée que pendant la communauté, ou que l'époux n'aurait obtenu la mise en possession que postérieurement au mariage, ou que le titre en vertu duquel il était en possession aurait été entaché de nullité, etc. Dans cette dernière hypothèse, le meuble resterait propre sauf récompense, alors même qu'il serait intervenu une ratification moyennant un prix payé des deniers de la communauté, si, en fait, cette ratification ne constituait pas une vente véritable.

L'époux qui était au moment du mariage propriétaire de meubles pourra-t-il, pour établir ce fait et en faire ressortir sur eux à son profit un droit exclusif, recourir à toute espèce de preuve ? On a soutenu que cette preuve ne pouvait jamais, aussi bien dans les rapports des époux entre eux que dans leurs rapports avec les tiers, résulter que d'un inventaire ou état authentique dressé antérieurement au mariage. En effet, dit-on, l'article 1499 est formel : « Si le mobilier existant lors du mariage ou échu depuis, n'a pas été constaté par inventaire ou état en bonne forme, il est réputé acquêt. » D'un autre côté, l'époux en ne constatant point légalement l'état de ses meubles et en les confondant avec ceux de la communauté d'acquêts, est censé avoir voulu en faire don à la société conjugale.

Malgré ces arguments, je crois qu'il faut distinguer

et permettre aux époux, pour établir au regard l'un de l'autre la consistance de leurs propres, de recourir à des modes de preuve moins rigoureux, par exemple un acte de partage non argué de fraude, même dressé en l'absence de l'époux, à qui on l'oppose, et constatant les biens dont son conjoint était propriétaire, ou encore un état détaillé dressé par les époux peu de jours après leur mariage. L'article 1499 n'établit qu'une simple présomption, présomption *juris tantum* puisqu'elle ne rentre point dans les termes de l'article 1350, § 2 du Code civil et contre laquelle la preuve contraire doit être admise par les modes ordinaires. Il n'en est pas de même au cas où l'un des époux revendique son mobilier propre au regard des tiers. Les tiers, trompés par l'absence d'inventaire et de toute constatation légale, ne peuvent voir leurs droits s'annihiler et leur gage disparaître par la faute de l'époux qui n'a point fait faire d'inventaire. C'est alors l'art. 1510, alinéa 2, qui s'applique dans sa disposition impérative et formelle, par suite de la séparation de dettes résultant implicitement de la réduction de la communauté aux acquêts. Quant à cette présomption que l'époux, en ne faisant pas d'inventaire, a voulu communiquer la propriété de ses meubles à son conjoint, elle me paraît aussi directement contraire que possible à l'esprit de la clause choisie par les époux. Si telle était leur intention, il n'était guère nécessaire de déroger à la communauté légale et surtout d'y déroger en adoptant une communauté d'acquêts de laquelle aux termes mêmes de l'article 1498, ils sont censés exclure leur mobilier respectif, présent et futur. L'article 1499 étant écarté, ainsi que cette présomption de mise en communauté, nous devons autoriser les époux à faire la preuve que les meubles leur sont propres par les moyens que le droit commun met à leur disposition. Les tribunaux sont juges de la pertinence et de la gravité de la preuve. Seulement, comme les époux ont pu se procurer une preuve écrite, nous ne les admettrions point à la preuve testimoniale et moins encore par commune renommée.

Certains auteurs néanmoins, admettent même, dans ce cas, la preuve testimoniale et la preuve par commune renommée. Ils s'appuient surtout sur l'ancien droit, et entre autres, sur un passage de Pothier, *Traité de la communauté*, n° 300, qui professe que : « Lorsqu'il n'y a aucun acte par lequel on puisse justifier la quantité du mobilier que les conjoints ou l'un des époux avaient lors du mariage, on en admet la preuve par la commune renommée. On laisse à la discrétion du juge à fixer, sur les enquêtes faites de la commune renommée, la quantité de ce mobilier. » Mais sous le Code civil, l'admission de la preuve par commune renommée me paraît impossible. Ce n'est point là, en effet, une preuve normale, admissible toutes les fois que la loi n'en prohibe pas l'emploi ; c'est au contraire un mode de preuve tout à fait exceptionnel qui n'est point compris dans les dispositions du Code civil relatif à la preuve et constituant, pour ainsi dire, une peine édictée par la loi dans certains cas, par exemple dans l'hypothèse de l'article 1415 et de l'article 1504. C'est une peine contre le mari qui, pouvant faire inventaire, ne l'a point fait. Comme toute peine, elle doit être restreinte aux cas pour lesquels elle a été expressément créée, ou les hypothèses tout à fait analogues. Ici les motifs qui ont fait édicter les articles 1415 et 1504 n'existent en aucune façon. Dans ces articles, la loi a considéré que le mari, chef et maître de la communauté, qui a en main la direction des intérêts de la femme, a dû, en cas de succession échue à celle-ci pendant le mariage, en faire inventaire. S'il ne l'a point fait, il est en faute sans qu'on puisse reprocher à la femme, qui se trouve sous son autorité, de n'avoir point fait cet inventaire, et, en réparation de cette faute du mari et comme sanction, la loi admet la femme à la preuve par commune renommée. Mais ici le même motif ne s'applique plus. Avant le mariage, chacun des époux, complétement libre de ses droits, avait toute liberté de faire les constatations nécessaires pour se réserver la propriété de ses biens. Il ne peut s'en prendre qu'à lui-même si, ne l'ayant point fait, les moyens de preuves ordinaires que la loi met à sa disposition lui font défaut ; mais il ne peut plus recourir aux modes de preuves exceptionnels, que la loi, avec beaucoup de raison, ne lui accorde plus. L'article 1504 n'admet ce mode de preuve qu'au profit de la femme pour le mobilier échu pendant le mariage, c'est le refuser implicitement pour le mobilier que les époux possédaient au moment de sa célébration.

D'autres auteurs, relativement à l'admission de la preuve par commune renommée pour les meubles appartenant aux époux au moment du mariage, reproduisent la distinction de l'article 1504 et autorisent ce genre de preuve au profit de la femme tout en le refusant au mari. Mais l'article 1504 semble précisément repousser cette opinion, en n'admettant la femme à la preuve par commune renommée, que pour le mobilier à elle échu pendant le mariage, ce qui exclut celui qu'elle possédait antérieurement. Du reste, nous ne retrouvons plus ici les motifs de l'article 1504. Avant le mariage, la femme, maîtresse de ses droits, ne dépénd point de son mari ; elle ne peut lui reprocher de n'avoir point fait faire de constatations qu'il lui appartenait à elle seule d'exiger.

Les meubles meublant la maison dans laquelle demeurent les époux, étaient dans notre ancien droit censés propres à l'époux dans la maison duquel l'autre était venu s'établir, le plus souvent en fait au mari. On regardait comme peu vraisemblable que la femme eut trouvé à son arrivée le domicile conjugal nu et dégarni de tout ameublement. Nous croyons que maintenant cette présomption ne serait plus suffisante à elle seule pour enlever à ces meubles la qualité d'acquêt. En effet, la femme peut, en se mariant, avoir apporté aussi des meubles qui seraient la compensation de ceux du mari. Après un certain temps, du reste, les meubles ne sont plus identiquement les mêmes, ils ont pu être remplacés par d'autres d'une valeur beaucoup plus grande, et il est très-probable qu'ils ont dû être augmentés pour satisfaire aux besoins du ménage. Du reste, c'est admettre gratuitement une présomption contraire à celle de la loi, que tout meuble ou immeuble est réputé acquêt. Les juges ne devraient donc tenir compte de cette présomption dans les cas où elle serait entièrement fondée en fait, qu'autant qu'elle serait accompagnée d'un commencement de preuve par écrit. (Pau, 10 décembre 1858, Dalloz, *Recueil périodique.* 59, 2, 18.)

Si l'un des époux avait, dans le contrat de mariage, déclaré simplement que son mobilier a une valeur déterminée, déclaration acceptée par son conjoint, cette estimation devrait produire l'effet d'une vente à la communauté. L'époux ne pourrait donc point invoquer cette déclaration comme un commencement de preuve par écrit pour établir par témoins la consistance particulière de chaque objet mobilier lui appartenant. Il ne serait autorisé qu'à prélever, à titre de récompense, à la dissolution de la communauté, le montant de cette estimation, si la mise en communauté était suffisamment justifiée conformément à la distinction de l'article 1502.

Ne tombent point non plus en communauté les meubles échus aux époux postérieurement au mariage et ne provenant ni de leur industrie ni des fruits ou revenus de leurs propres. C'est à celui qui prétend à un droit exclusif sur un meuble d'établir que l'acquisition ne provient ni de l'industrie commune ni des économies de la communauté.

Pour les meubles ainsi échus postérieurement au mariage, la preuve à laquelle sont autorisés les époux pour en établir la consistance au regard l'un de l'autre et détruire la présomption d'acquêts qu'ils revêtent, n'est plus la même que pour les meubles à eux appartenant au jour du mariage. Il faut ici, conformément à l'article 1504, distinguer le mobilier échu au mari et celui qui échoit à sa femme. Le mari ou ceux qui le représentent ne peut, à l'encontre de la femme, faire preuve de son droit exclusif sur ce mobilier que par un inventaire ou un titre quelconque propre à justifier de sa consistance, déduction faite des dettes. La femme ou ses héritiers peut rapporter cette preuve par tous les modes légaux et même par commune renommée. La raison de cette différence, nous l'avons vue, est que la femme se trouve, pendant le mariage, sous la dépendance de son mari. Cette dépendance fait supposer qu'elle n'a pu se procurer de preuve écrite de la consistance du mobilier à elle échu. C'était au mari à lui procurer cette preuve, et la loi punit sa faute de ne l'avoir point fait, en admettant contre lui même la preuve par commune renommée. Il n'y a plus la même raison en ce qui concerne les meubles échus au mari. Celui-ci pouvait se procurer une preuve écrite, il ne l'a point fait, c'est à lui à s'imputer sa négligence. Comme on le voit, dans cette hypothèse de meubles échus postérieurement au mariage, le mari qui n'a point fait d'inventaire se trouve dans la même situation que pour les meubles qu'il possédait antérieurement au mariage ; mais la femme se trouve dans une situation beaucoup plus favorable en raison de l'état de dépendance quant aux biens que crée pour elle l'établissement de la communauté et qui n'existait point auparavant.

Ces principes de restriction que la loi édicte dans l'article 1504 ne doivent pas être étendus au delà de l'acquisition proprement dite d'un meuble. Ainsi, supposons une créance ou une obligation légalement constatée propre au mari. Si le débiteur la rembourse pendant le mariage, le mari pourra établir ce remboursement pour obtenir récompense des deniers versés autrement que par un inventaire ou un titre opposable à la femme. Il pourra faire cette preuve par les lettres, papiers ou registres émanant du débiteur, par ses propres papiers domestiques ou registres de commerce et au besoin par la déclaration du débiteur, sauf aux tribunaux, juges souverains du fait, à avoir tel égard que de droit à ces différents moyens de preuve. Exiger du mari une quittance notariée pour constater le paiement, ce serait lui imposer des frais frustratoires et aussi contraires à la raison qu'aux habitudes de la vie. C'est du reste plutôt l'hypothèse généralisée de l'article 1433 relatif aux récompenses que celle de l'article 1504.

Mais faut-il aller plus loin et restreindre l'application de l'article 1504 au mobilier échu à titre de donation ou de succession et l'écarter de l'hypothèse d'un mobilier propre échu à un autre titre? Par exemple un trésor est découvert par le mari ou une indemnité lui est payée à la suite d'un accident qui lui est survenu, devra-t-il rapporter une preuve écrite pour prélever les objets par lui trouvés ou l'indemnité à lui attribuée? On pourrait le soutenir par argument de l'article 1504. Cet article est général dans ses termes. Il parle du mobilier qui échoit pendant le mariage sans distinguer à quel titre. En outre les raisons qui ont fait édicter l'article 1504 s'appliquent toujours : il s'agit d'une acquisition faite à un moment où le mari était complétement libre de se procurer un instrument de preuve, tandis que la femme était sous sa dépendance.

Malgré ces considérations, il me paraît difficile de ne point permettre au mari de faire la preuve par témoins de la consistance du trésor qui lui est dévolu. Exiger un inventaire ou un titre, ce serait pour ainsi dire exiger l'impossible. Un inventaire ne se comprendrait guère à la suite de la découverte d'un trésor, d'autant plus qu'il ne pourrait avoir d'autre utilité que celle qui nous occupe. Il devrait, dans la plupart des circonstances, se réduire à une simple déclaration du mari devant notaire, déclaration qui ne peut avoir de valeur puisqu'il ne peut se créer de titre à lui-même. Quant à un titre constatant la propriété, il ne peut y en avoir, puisqu'il s'agit d'un mode d'acquisition originaire, ne supposant point une translation de propriété d'une personne à une autre. Une reconnaissance émanée de son conjoint ne

serait point non plus un titre suffisant dans l'état de
dépendance où il se trouve. Dans ces circonstances, il
faut considérer le mari comme n'ayant pas pu se procurer de preuve littérale et lui permettre en conséquence
la preuve par témoins à la condition de prouver suffisamment la découverte et le montant du trésor. Quant
à l'article 1504, on peut l'écarter par cette observation
que ses termes mêmes ne s'appliquent point à notre
hypothèse. En effet il exige un inventaire du mobilier
échu au mari ou un titre propre à justifier de sa consistance, déduction faite des dettes. Il suppose donc un
titre d'acquisition qui puisse donner lieu à des dettes, ce
qui ne peut se présenter au cas de découverte d'un
trésor. La solution donnée dans cette hypothèse devrait
être généralisée et étendue à celles dans lesquelles il y
aurait les mêmes raisons de décider.

Nous allons, du reste, passer en revue les principaux titres en vertu desquels des meubles peuvent
provenir en propre aux époux. Et d'abord ils peuvent
provenir de donation ou de succession. Quant à la
preuve nécessaire pour établir ces faits, elle résultera pour les donations de meubles de l'état estimatif
exigé par l'article 948 pour tout acte de donation
d'effets mobiliers. Il en serait ainsi alors même que
la donation serait faite avec charge, sauf récompense
à la communauté dans le cas où elle en a acquitté
le montant. Mais si le meuble provient d'un don manuel, dans l'impossibilité d'établir que dans l'intention
du donateur, ce don ait été fait à l'un des époux
plutôt qu'à la communauté, il faudra souvent en revenir à la présomption générale et lui reconnaître la
qualité d'acquêt. Il en serait différemment au cas où
le don manuel de meubles aurait été fait par un as-

cendant. Les rapports existant entre le donateur et l'un des époux permettraient de le considérer comme un avancement d'hoirie fait à lui seul, et à ce titre, d'admettre la preuve de son caractère de propre, d'après les règles que nous avons indiquées. Ces mêmes règles s'appliqueraient aussi en cas de succession testamentaire ou *ab intestat* dévolue à l'un des époux.

Les meubles, acquis à titre onéreux pendant la communauté, seront aussi et *a fortiori* réputés acquêts. Ce sont, en effet, comme disaient les coutumes dans lesquelles existait, de plein droit, la communauté réduite aux acquêts, des acquisitions de peine et non des acquisitions de bienfait. La présomption qu'ils sont acquêts, s'appliquera donc avec plus de force encore. Ils pourront néanmoins, à mon avis, être propres dans le cas où des immeubles le seraient sous la communauté légale.

Resteront donc propres :

1° Les meubles abandonnés ou cédés par un ascendant à l'un des époux, soit à titre de dation en paiement, alors même que ce mode de libération serait destiné à éteindre des dettes dont la communauté réduite aux acquêts serait créancière, soit à charge de payer les dettes du donateur, sauf récompense à la communauté. Une telle cession doit constituer un avancement d'hoirie aussi bien pour les valeurs mobilières que pour les immeubles. C'était, du reste, la disposition générale de l'article 278 de la coutume de Paris.

2° Les meubles échangés contre des propres de l'un des époux. Il y a, en effet, une subrogation réelle en vertu de laquelle le meuble acquis en échange prend le caractère de propre appartenant au meuble donné.

On le décide déjà ainsi pour le meuble acquis en échange d'un immeuble propre. (Troplong, *Commentaire du titre du contrat de mariage*, nº 638). *A fortiori* doit-il en être ainsi sous notre régime ? Du reste, l'échange ne pourrait être fait, par le mari, pour les valeurs mobilières appartenant à la femme, que du consentement de celle-ci.

3º Les meubles ou valeurs mobilières acquis en remploi de propres. On ne voit pas, en effet, pourquoi on empêcherait l'un des époux, à qui une obligation propre, par exemple, a été remboursée, d'en faire le remploi par la création ou l'achat d'une autre obligation. Les conditions requises par les articles 1434 et 1435, pour le remploi actuel, devront donc se retrouver ici. Il faudra, de la part du mari, les déclarations prescrites par l'article 1434, et, en outre, de la part de la femme, l'acceptation exigée par l'article 1435. La vive discussion qui s'élève sur ce dernier article, relativement aux effets de l'acceptation de la femme, ne pourrait guère se présenter pour des meubles en présence de l'article 2119 et de l'article 2279. Pour les meubles auxquels ne s'applique point l'article 2279, le système d'après lequel l'acceptation de la femme a un effet rétroactif au jour de l'acquisition, si elle intervient avant que l'offre, à elle faite par la déclaration du mari, ait été retirée expressément ou tacitement, conduirait à permettre à la femme de faire sa déclaration jusqu'à l'aliénation.

4º L'acquisition faite à titre onéreux, pendant le mariage, de la portion d'un meuble qui était propre à l'un des époux pour une part indivise, tombera-t-elle dans la communauté, ou sera-t-elle soumise au retrait d'indivision ? La non application du retrait d'indivision à cette hypothèse, pourrait être soutenue par de nombreux arguments. Le retrait d'indivision constitue un privilége quelquefois exorbitant et qui doit, comme tout privilége, être étroitement restreint dans les limites de l'hypothèse pour laquelle il a été créé. Or, l'article 1408 ne parle que de l'acquisition d'une portion d'un immeuble. C'est donc que le retrait d'indivision n'est pas applicable aux meubles. On peut invoquer, en ce sens, les motifs d'un arrêt de la cour de Riom, qui paraissent regarder la question comme non susceptible de controverse. (Riom, 15 novembre 1869, Dalloz, *Recueil périodique*, 69, 1, 232).

Mais il me semble que les motifs qui ont fait édicter l'article 1408 se retrouvent, dans leur entier, dans notre hypothèse. C'est toujours la propriété antérieure de l'un des époux, qui a été cause de l'acquisition et il est juste que celle-ci s'y joigne. Quelle différence sérieuse pourrait-on, du reste, établir entre l'hypothèse spécialement prévue par l'article 1408 et celle qui nous occupe, lorsque les époux, par leur contrat de mariage, ont précisément mis les meubles sur la même ligne que les immeubles? Quant aux expressions de l'article 1408, elles peuvent facilement s'expliquer, comme dans la plupart des articles de cette section, sans leur donner un sens restrictif. La loi, traitant de la communauté légale, n'a eu en vue que les hypothèses générales et non les exceptions. Le mot immeuble a été évidemment pris pour indiquer les objets exclus naturellement de l'actif de la communauté légale, mais non point pour restreindre spécialement le retrait d'indivision aux immeubles. La loi n'a envisagé que les immeubles parce que ce sont les seuls biens qui puissent normalement rester propres sous la communauté légale.

Aussi je crois qu'il faut appliquer, suivant les règles de l'article 1408, que nous n'avons pas à développer ici, le retrait d'indivision à l'acquisition de la portion d'un meuble dont l'un des époux était propriétaire par indivis, et notamment à l'acquisition de parts indivises d'une succession mobilière, si l'époux cohéritier ne pouvait plus exercer le retrait successoral.

Si au lieu d'envisager les droits des époux eux-mêmes, relativement à l'attribution et à la preuve des biens qu'ils prétendent leur être propres, nous nous plaçons au point de vue de leurs héritiers ou ayants cause, les solutions seront généralement les mêmes.

Les héritiers de chacun des époux n'ont point, relativement à la preuve à faire du mobilier propre à leur auteur, plus de droits que celui-ci n'en aurait eus, du moins lorsqu'ils agissent en son nom et comme représentant sa personne. Les actes de leur auteur leur sont opposables, et ils ne puisent leur droit que dans le sien. Il en serait autrement si les héritiers agissaient en vertu d'un droit qui leur soit propre comme héritiers à réserve, exerçant l'action en retranchement, conformément aux articles 1496 et 1527 du Code civil. La preuve testimoniale serait toujours admissible à l'appui de leur prétention, alors même qu'ils seraient héritiers du mari ou que, héritiers de la femme, ils revendiqueraient une partie du mobilier qu'elle avait antérieurement au mariage. Ici, en effet, ils n'ont pu se procurer de titre, et le défaut d'inventaire a peut-être eu lieu précisément dans le but de leur causer préjudice. De même, les héritiers à réserve pourraient, en cette qualité, critiquer les énonciations de l'inventaire comme exagérant frauduleusement, et au delà des limites de la quotité disponible, la quantité et la valeur du mobilier de l'un des époux, et ils pourraient établir leur prétention par tous les moyens de preuve. (Bruxelles, 27 février 1832. Dalloz, *Recueil alphabétique*, V° *Contrat de mariage*, n° 2628, note 1re). Il suffit, pour motiver ces décisions, de s'appuyer sur les principes généraux. Il est même inutile d'argumenter de la comparaison des deuxième et troisième alinéas de l'article 1504, qui semblent mettre en opposition, d'une part, le mari seul, et, d'autre part, la femme ou ses héritiers. Cet argument conduirait, en effet, dans le système que nous avons adopté sur l'article 1499, à dire que ce droit des héritiers d'agir en leur nom et par tous moyens de preuve est spécial à la constatation du mobilier échu pendant le mariage, à l'exclusion du mobilier appartenant à leur auteur au moment du mariage.

§ II. Passif de la communauté.

Les dérogations qu'apporte à l'actif de la communauté la réduction de la communauté aux acquêts doivent naturellement influer sur le passif. Le principe que les dettes doivent suivre l'actif, principe qui fait tomber dans la communauté légale les dettes mobilières de chacun des époux doit, dans notre matière, conduire précisément à un résultat inverse. Aussi l'article 1498 proclame que, par l'effet de cette stipulation, les époux excluent de la communauté leurs dettes actuelles et futures. Ces expressions ne sont pas complétement exactes. Il semblerait en résulter que la communauté réduite aux acquêts n'a point et ne peut avoir de dettes du chef des époux. Mais la législation n'a voulu évidemment exclure, parmi les dettes futures, que les dettes tout à fait personnelles, c'est-à-dire correspondant aux propres de chacun des époux, celles qui proviennent dans des circonstances telles que, si le fait qui a donné naissance à la dette avait eu pour résultat de produire un actif, cet actif ne serait point tombé dans la communauté. L'article 1498 a distingué, comme on est souvent obligé de le faire pour la clarté des explications, la communauté de la personne des époux ; mais il l'a fait en des termes peu exacts. Il y a là une erreur de rédaction tout à fait analogue à celle de ces mots : et leur mobilier respectif présent et futur, qui sembleraient exclure tout le mobilier actif.

Cette exclusion du mobilier passif se produira dans tous les cas où il y a une communauté réduite aux acquêts, quels que soient d'ailleurs les termes dans lesquels elle ait été stipulée, et alors même qu'elle serait établie par une clause de réalisation de tout le mobilier présent et futur. Dans ce dernier cas, la question est controversée. En effet, dit-on, toute communauté conventionnelle comprend, sauf dérogation sur ce point, tout le mobilier actif et passif des époux, comme la communauté légale. Ici l'exclusion faite par le contrat de mariage ne portant que sur l'actif, puisqu'il a seul été réalisé, le passif, au sujet duquel les époux n'ont point fait de stipulation spéciale, doit rester dans la communauté d'après les règles du droit commun. Du reste, cette attribution des dettes à la communauté est tellement un principe général, qu'il était consacré par le brocard de notre ancien droit : « Qui épouse le corps, épouse les dettes. »

L'opinion contraire me paraît préférable. Et d'abord, quant aux dettes grevant les successions, donations mobilières, etc., échéant aux époux pendant le mariage, il est nécessaire qu'elles restent propres à l'époux héritier ou donataire, en vertu du principe qu'il n'y a de biens que dettes déduites, dont l'application est faite à la communauté légale par l'article 1414. Le même principe doit faire admettre la même exclusion pour les dettes des époux au moment du mariage. En effet, la raison qui fait tomber dans la communauté légale les dettes mobilières de chacun des époux, c'est que leurs meubles tombent aussi en communauté. Cette raison ne s'applique plus ici. Au contraire, il est à présumer que les époux, excluant de la communauté l'universalité active de leurs biens, ont voulu exclure aussi l'universalité passive. Cette présomption que la loi établit dans l'article 1498, pour le cas où la communauté est expressément réduite aux acquêts, devra être évidemment étendue aux cas où cette réduction n'a lieu qu'implicitement. Il y a, du reste, un argument, *a fortiori*, à tirer de l'article 1511. Lorsqu'un des époux réalise tous ses meubles et n'apporte en communauté qu'un bien déterminé, il reste tenu personnellement, d'après cet article, de ses dettes mobilières. Il serait contradictoire que, lorsqu'il fait la même réalisation sans rien mettre en communauté, il n'en reste pas tenu. Pothier exprime très-explicitement cette opinion dans son *Traité de la communauté*, nᵒˢ 352 et 411.

Le passif de la communauté réduite aux acquêts sera donc composé de la même manière, à peu près, que celui de la communauté, à l'exception des dettes reprises dans le premier paragraphe de l'article 1409 : « Les dettes mobilières dont les époux étaient grevés au jour de la célébration de leur mariage, ou dont se trouvent chargées les successions qui leur échoient durant le mariage. » Nous avons donné la raison de cette exclusion. Peu importe, du reste, pour déterminer le caractère des dettes entre les époux, que l'actif mobilier ait été ou non constaté par un inventaire. La loi n'y attache aucun effet à ce point de vue.

Il faut, mais il suffit pour entraîner cette exclusion de la communauté, que la dette ait un principe antérieur au mariage, alors même que son existence ou son taux ne se serait fixé que pendant le mariage. Aussi une obligation conditionnelle dont la condition ne se serait accomplie que postérieurement au mariage, une dette de dommages-intérêts, dont le taux n'aurait été fixé par convention ou par justice que postérieurement au mariage, alors que le principe de responsabilité existait avant cette époque, ne tomberaient pas en communauté. De même dans tous les cas analogues.

Tomberont au contraire dans la communauté réduite aux acquêts :

1° Les dettes, tant en capitaux qu'arrérages et intérêts, contractées par le mari pendant la communauté ou par la femme du consentement du mari ou même sans ce consentement dans le cas de l'article 1427. La communauté qui encaisse tout ce que gagnent les époux doit payer les dettes qu'ils contractent, même celles qui sembleraient dès l'abord exclusivement personnelles comme les indemnités, dommages-intérêts, etc., dans les cas et de la même manière que sous la communauté légale. Il faut aussi y faire tomber sans récompense toutes les dettes créées en faveur de la personne, par exemple les emprunts faits par le mari pour payer une dette de jeu et en général toutes les dettes qui ne sont pas relatives à des propres. S'il s'agissait de dettes créées dans l'intérêt des propres de l'un des époux, celui-ci en devrait du reste récompense, conformément aux principes généraux. Une dette créée ainsi dans l'intérêt d'un propre pourrait, du reste, constituer un véritable propre, si l'acte de constitution de la dette en portait la mention, et qu'il fut établi que la commune intention du créancier et des deux époux était de lui donner ce caractère. Il en serait de même au cas de subrogation à une dette propre ;

2° Les arrérages et intérêts seulement des rentes ou dettes passives, qui sont personnelles aux deux époux. Il y a ici même raison que pour la communauté légale. La communauté qui perçoit les fruits de l'actif, doit payer les revenus du passif ;

3° Les réparations usufructuaires des propres. Nous sommes ici forcés de modifier les termes de l'article 1409 qui, relatif à la communauté légale et ne statuant que *de eo quod plerumque fit*, ne parle que des réparations usufructuaires des immeubles. La communauté réduite aux acquêts ayant l'usufruit des meubles et des immeubles propres, doit supporter les charges qui y sont inhérentes ;

4° Les aliments des époux, l'éducation et l'entretien des époux, et toute autre charge du mariage. C'est pour subvenir à ces charges que la communauté d'acquêts a été créée, et que les époux ont mis en commun le produit de leur travail et les fruits de leurs propres. Il faut comprendre dans ces charges la dot promise par le mari à l'enfant commun, quoique, dans l'ancien droit, la jurisprudence des pays de droit écrit mît cette obligation à la charge du mari, et non à celle de la société. L'article 1439 s'appliquera évidemment à la simple communauté réduite aux acquêts, qui sera tenue de la dot dans les cas et de la même manière que la communauté légale. Seraient même à la charge de la communauté réduite aux acquêts, pendant sa durée, les aliments dûs par l'un des époux pour l'entretien d'enfants nés d'une première union, ou même d'enfants naturels reconnus antérieurement au mariage.

Lorsqu'une dette existe, la présomption doit être que cette dette est une dette de communauté, de même qu'on présume acquêt de communauté tout bien appartenant aux époux. Quant à la preuve à faire par l'époux qui prétend qu'une dette est propre à son conjoint, elle pourra être rapportée conformément au droit commun. Du reste c'est au créancier à prouver la personne qui est son débiteur en même temps que le montant de la dette; aussi la question ne pourra point se présenter dans la plupart des circonstances. De même si la dette a été payée, c'est à l'époux qui prétend que son conjoint était seul débiteur, à le prouver.

Au point de vue du droit de poursuite, le droit des créanciers propres des époux et des créanciers de la communauté, est en principe régi par les mêmes règles que la communauté légale.

Les créanciers personnels du mari, antérieurs ou postérieurs au mariage, tant que dure la communauté, et les créanciers de la communauté peuvent poursuivre leur paiement sur tous les biens propres du mari et sur les propres mobiliers de la femme dont la consistance n'est point établie par un titre authentique antérieur au mariage. Il n'y a point à distinguer s'il a été fait ou non un inventaire authentique du mobilier propre au mari. La femme ne peut donc établir, vis-à-vis des créanciers qui ont le droit d'actionner la communauté, sans pouvoir la poursuivre elle-même, la consistance de ses propres mobiliers par les modes de preuve auxquels nous lui avons reconnu le droit d'avoir recours contre son mari. A l'encontre de celui-ci, la femme peut établir par un titre non authentique, la consistance du mobilier qu'elle avait au moment du mariage, et par témoins ou par commune renommée, celui qui lui est échu depuis. Mais au regard des créanciers du mari ou de la communauté ou de tiers intéressés quels qu'ils soient, elle ne peut revendiquer ses propres mobiliers et leur attribuer ce caractère qu'au moyen d'un inventaire ou d'un titre authentique antérieur au mariage, établissant son droit de propriété. Il en est ainsi pour le mobilier échu depuis le mariage, aussi bien que pour celui qu'elle possédait antérieurement. C'est ce que décide formellement l'article 1510 pour la clause de séparation de dettes, et cette clause existe implicitement en cas de communauté réduite aux acquêts. Les raisons de cette disposition se comprennent parfaitement, il ne faut pas que les tiers puissent être trompés par une collusion frauduleuse des époux qui feraient disparaître leur gage en l'attribuant exclusivement à la femme, ni qu'ils puissent être trompés par une confusion apparente du mobilier qu'on ferait ensuite disparaître par un acte plus ou moins sincère; s'il a été fait inventaire authentique antérieurement au mariage, les mêmes craintes ne peuvent plus se produire et la femme peut revendiquer son mobilier inventorié contre les tiers auxquels elle n'est point personnellement obligée. Mais cette nécessité d'un inventaire est tellement absolue que la femme ne pourrait stipuler dans son contrat de mariage la faculté d'établir par témoins ou par commune renommée la consistance de son mobilier. Cette règle relative à la preuve à l'égard des tiers implique une question de bonne foi qui la rend d'ordre public. Il avait été jugé ainsi par un arrêt de la Cour de Poitiers du 6 mai

1836. (Dalloz, *Répertoire Alphabétique*, V° *Contrat de mariage*, n° 2615). Depuis, la Cour de Poitiers semble avoir reconnu la validité de cette clause par un arrêt qui donne du reste peu de raisons à l'appui de ce changement de jurisprudence (Poitiers, 16 décembre 1868, Dalloz, *Recueil périodique*, 69, 2, 203.

Les créanciers personnels de la femme ne peuvent poursuivre leur paiement que sur ses biens propres, s'ils ont été constatés par un inventaire ou état authentique antérieur à leur confusion avec le mobilier commun. A défaut d'inventaire, ils peuvent poursuivre leur paiement tout à la fois sur les biens propres de la femme, sur ceux du mari et sur les biens communs. Le mari en confondant leur gage avec les biens de la communauté sans inventaire préalable les autorise par ce fait à poursuivre le paiement de leur créance même sur les biens de la communauté. Aussi les créanciers de la femme antérieurs au mariage pourront se faire payer sur les biens de la communauté à défaut d'inventaire de son mobilier avant la célébration nuptiale. Les créanciers des successions échues à la femme auront le même droit, à défaut d'inventaire antérieur à la confusion du mobilier héréditaire et de celui de la communauté. Cette sanction du défaut d'inventaire est déjà admise pour un cas sous la communauté légale par l'article 1416, alinéa 2. Elle doit être ici généralisée et étendue aux créanciers antérieurs au mariage par application de l'article 1510, alinéa 2, en vertu de l'adoption implicite de la séparation de dettes inhérente à la communauté réduite aux acquêts.

Du reste, les distinctions que fait la communauté légale relativement au droit de poursuite reconnu aux créanciers de la femme, tantôt même contre la communauté, tantôt sur ses biens propres seuls, quelquefois même sur la nue propriété seulement de ses propres, doivent être reproduites ici *mutatis mutandis* Ainsi les créanciers antérieurs au mariage n'auront droit à poursuivre leur paiement sur la pleine propriété des propres de la femme ou contre la communauté qu'autant que le mari exerçant les droits de la communauté considérée comme tiers ne puisse lui-même invoquer contre eux l'article 1328 et l'article 1440 qui constitue l'application de la théorie de la date certaine à la communauté. A défaut de titre authentique ou ayant date certaine, ils ne peuvent, même en l'absence d'inventaire, poursuivre leur paiement que sur la nue propriété de ses propres mobiliers ou immobiliers. S'il y a eu inventaire, ils pourront faire porter leur saisie sur la nue propriété des propres de la femme, mais jamais sur les biens de la communauté pendant sa durée.

Quant aux créanciers des successions échues à la femme, il faut, relativement à leur droit de poursuite, appliquer ici le principe de raison de l'article 1413 relatif aux successions immobilières, et ce alors même que la succession serait composée en partie de meubles et en partie d'immeubles ou même de meubles pour le tout, pourvu qu'un inventaire de ce mobilier ait été fait. Il y a dans notre clause spéciale absolument les mêmes raisons de décider. Les créanciers d'une succession échue à la femme dont l'actif mobilier a été constaté par inventaire authentique, pourront donc poursuivre leur paiement sur les biens héréditaires et sur les propres mobiliers ou immobiliers de la femme, si celle-ci a accepté la succession avec l'autorisation de son mari. Ils ne pourront le faire que sur les biens héréditaires et la nue propriété des propres de la femme, si celle-ci n'a accepté la succession qu'avec l'autorisation de justice.

CHAPITRE III

Administration de la communauté et des propres.

La clause qui nous occupe a surtout pour effet de modifier et de restreindre la consistance active et passive de la communauté, et c'est même le seul effet que lui attribuent les articles 1498 et 1499. Aussi au point de vue de l'administration des biens composant la communauté ainsi réduite, les règles à appliquer sont identiquement les mêmes que celles de la communauté légale. L'administration de la communauté réduite aux acquêts est aussi remise par la loi au mari, qui, seigneur et maître de la communauté, a les mêmes droits absolus de disposition, sous les mêmes restrictions; qui oblige la communauté par tous les engagements qu'il contracte, et ce sans recours, sauf dans quelques cas exceptionnels; qui peut intenter toutes les actions appartenant à la communauté soit comme propriétaire, soit comme usufruitière des propres mobiliers ou immobiliers des époux; qui, en sens inverse, peut être poursuivi sur ses biens propres mobiliers ou immobiliers par tous les créanciers qui ont action contre la communauté et dont les créanciers personnels peuvent poursuivre la communauté pendant sa durée; tandis que la femme n'engage à elle seule la communauté que dans des cas exceptionnels et qu'elle ne peut être poursuivie sur ses propres par les créanciers de la communauté qu'autant qu'il s'agisse d'une dette qui y est tombée de son chef, ou que, ses propres mobiliers n'ayant pas été inventoriés, elle ne puisse, comme nous l'avons vu, les soustraire à leur action. Il n'y a à ces différents points de vue aucune dérogation aux principes généraux.

Les règles de la communauté légale s'appliquent aussi relativement aux profits personnels que les époux tirent de la communauté ou la communauté de leurs biens propres. Il y a toujours lieu à récompense toutes les fois que l'un des trois patrimoines s'est enrichi aux dépens de l'autre. Seulement le fonctionnement de la théorie des récompenses sera plus fréquent et plus étendu sous notre régime en raison du plus grand nombre des propres. Ainsi notamment la communauté devra récompense aux époux pour la valeur des propres mobiliers tombés en communauté dans les cas où cet effet se produit. De même chacun des époux devra récompense à la communauté pour les améliorations apportées à ses propres mobiliers ou immobiliers des deniers de la communauté, de la même manière que sous la communauté légale.

Quant aux droits respectifs de la communauté et des époux sur les propres de chacun d'eux, ils sont encore ici identiquement les mêmes que sous le régime de droit commun. Le mari a l'administration des immeubles propres de la femme, il peut exercer seul les actions possessoires qui y sont relatives, mais il ne peut les aliéner. Au cas où il aurait excédé ses pouvoirs, il faut entre autres appliquer ici les solutions données sous le régime de droit commun en cas d'acceptation de la communauté par la femme, relativement à la vente par le mari d'un immeuble propre à la femme.

De même pour les meubles, les règles à appliquer relativement aux meubles propres des époux sous notre régime, sont les mêmes que celles qui s'appliquent aux meubles propres des époux sous la communauté légale, dans les cas exceptionnels où il y a des meubles propres. Néanmoins comme c'est sous le régime de communauté réduite aux acquêts que se trouvent le plus souvent des meubles propres, nous croyons avoir à appuyer spécialement sur ce sujet.

Et d'abord ces meubles tombent-ils en communauté, sauf récompense de leur valeur à l'époux propriétaire, ou restent-ils individuellement propres à cet époux?

Il faut distinguer d'une part les meubles qui se consomment par l'usage, et ceux qui ont été estimés dans le contrat de mariage, sans déclaration que l'estimation n'équivaudrait pas à vente, et d'autre part tous les autres meubles. Les premiers tombent certainement en communauté soit en vertu de l'usufruit qu'elle possède sur eux et qui ne peut s'exercer que par un acte de disposition sauf à en rendre compte (art. 587), soit en vertu de la vente qui, sous notre régime avec plus de raison encore que sous le régime dotal (art. 1551), et dans les sociétés ordinaires (art. 1851), est censée faite à la communauté par suite de l'estimation portée au contrat. Quant aux autres meubles je crois qu'ils resteront entièrement et individuellement propres à l'époux à qui ils appartiennent, et qu'ils ne tomberont en communauté que s'ils sont convertis en argent ou en meubles de la nature de ceux dont nous avons parlé tout d'abord. Cette question se confond, on le reconnaît à peu près généralement, avec celle de savoir si le mari peut aliéner les propres mobiliers de la femme. Si ces propres tombent en communauté sauf récompense, le mari en a la disposition à peu près absolue; il peut les aliéner soit par vente, soit par donation à la seule condition de ne point s'en réserver l'usufruit, (art. 1421 et 1422). Si au contraire, comme nous le pensons, ils restent entièrement la propriété de la femme, le mari ne pourra pas en principe les aliéner. Il ne le pourra que dans les limites des droits d'usufruit et d'administration que la loi lui donne. En dehors de ces limites, il faudra en cas d'aliénation d'un immeuble, selon l'expression pittoresque de Loysel que le mari et la femme y parlent.

La solution que nous avons adoptée est vivement contestée. Pour la combattre, on s'appuie fortement sur la jurisprudence et la doctrine des pays de droit coutumier, et surtout sur un passage très-connu de Pothier, *Traité de la communauté*, n° 325. Dans ce passage Pothier distingue parmi les propres les propres réels et les propres conventionnels. Les immeubles qui constituent les propres réels ne tombent point en communauté, mais les meubles, propres conventionnels, y tombent, sauf récompense de leur valeur. « La réalisation des meubles et leur exclusion de communauté, dit-il, ne consiste que dans une créance de reprise de leur valeur que le conjoint qui les a réalisés, a droit d'exercer après la dissolution de la communauté contre la communauté dans laquelle ces meubles réalisés se sont confondus, et c'est à cette créance de reprise que la qualité de propre conventionnel est attachée. Le conjoint n'est pas créancier *in specie* des meubles réalisés, il ne l'est que de leur valeur. » Cette opinion de Pothier n'était point du reste isolée et il la présente comme non controversée. Du reste, ajoute-t-on, l'art. 1503 a consacré sur ce point l'opinion de Pothier et la rédaction, lui en a été empruntée presque textuellement : « Chaque époux a droit de reprendre et de prélever, lors de la dissolution de la communauté, la valeur de ce dont le mobilier qu'il a apporté lors du mariage ou qui lui est échu depuis, excédait sa mise en communauté. C'est presque la reproduction littérale du passage de Pothier. Chaque époux n'a donc droit en principe qu'à la valeur de son mobilier. On objecte en outre les inconvénients qu'aurait le système contraire pour les époux à l'égard des meubles qui, sans se consommer par le premier usage, dépérissent peu à peu par l'usage qu'on en fait. L'époux qui serait propriétaire exclusif de tels meubles verrait ses propres réduits à rien sans récompense possible.

Mais quelle que soit l'autorité de Pothier, la solution qu'il présente et les distinctions qu'il fait sont contraires aux principes généraux et à l'intention présumée des époux. Cette solution aboutit à une translation de propriété en vertu de la loi qui n'est consacrée par aucun texte, et contraire expressément aux règles de l'usufruit et des sociétés, (art. 1851) et à l'article 1498 qui porte que les époux, en réduisant la communauté aux acquêts, sont censés exclure de la communauté leur mobilier respectif présent et futur, et non point que leur mobilier tombe en communauté, sauf récompense de sa valeur, ce qui est complétement différent. Si on se place au point de vue de l'intention présumée des époux, la solution de Pothier n'y est pas moins contraire. La convention stipulée a eu, en effet, pour but précisément de permettre aux époux et notamment à la femme de se réserver et d'enlever à la communauté les meubles qui devraient normalement y tomber sans récompense. Si on les y faisait tomber, le droit de la femme se bornerait à un simple recours contre une communauté peut-être insolvable. Il est peu présumable en présence de la convention stipulée que telle ait été l'intention commune. Aussi l'opinion de Pothier ne paraît pas avoir été universellement adoptée dans l'ancien droit, et lui-même donne une solution qui pourrait, jusqu'à un certain point, être regardée comme y étant en contradiction. (*Traité de la communauté*, n° 323.) Du reste la raison sur laquelle il fonde sa solution est loin d'y conduire directement. Il s'appuie sur les règles de l'usufruit, et ces règles sont en complète opposition avec la solution qu'il donne, tout à la fois pour les meubles corporels et pour les créances et autres meubles incorporels.

Sous le Code civil, la règle posée par l'article 1510, alinéa 2, ne peut se comprendre et s'expliquer que si le mobilier de la femme exclu de la communauté lui reste propre. En effet, cet article dispose que « si le mobilier apporté par les époux n'a pas été constaté par un inventaire ou état authentique antérieur au mariage, les créanciers de l'un et de l'autre époux peuvent, sans avoir égard à aucune des distinctions qui seraient réclamées, poursuivre leur paiement sur le mobilier non inventorié comme sur les autres biens de la communauté. » Il faut en conclure évidemment que, si un inventaire a été fait, en général le mobilier inventorié du mari est soustrait à l'action des créanciers de la femme, et celui de la femme, à l'action des créanciers du mari. Or, pour que ce dernier résultat puisse se produire, il est nécessaire que le mobilier de la femme lui reste entièrement propre et qu'il ne tombe point en communauté, sauf récompense de sa valeur. S'il tombait en communauté, il serait nécessairement le gage des créanciers du mari, en vertu de la règle que le patrimoine du mari et celui de la communauté étant confondus tant que dure la communauté, ses créanciers peuvent poursuivre leur paiement sur les biens de la communauté et réciproquement. De même, si les propres mobiliers tombaient en communauté, sauf récompense, le passif mobilier devrait y tomber aussi, et les créanciers de la femme auraient, par conséquent, le droit de poursuivre leur paiement sur les biens du mari et les biens de la communauté, tandis qu'il est unanimement reconnu, par application de l'article 1510, qu'en cas d'inventaire, les créanciers propres de la femme ne peuvent poursuivre leur paiement que sur ses propres. De même, l'article 1428 permet au mari d'exercer seul les actions mobilières et possessoires qui appartiennent à la femme. C'est donc que la femme peut avoir, sous le régime en communauté, des meubles propres lui appartenant à elle-même. Quant à l'article 1505, il ne s'applique point à notre hypothèse. Il faut l'interpréter combiné avec les articles 1501 et 1502, dont il est le complément, et relatifs à la clause d'apport et non point à une clause de réalisation totale ou partielle. Dans cet ordre d'idées, sa disposition très-rationnelle s'explique d'elle-même.

Mais, si nous examinons la question, non plus abstractivement et en elle-même, mais au point de vue de ses effets, c'est-à-dire, au point de vue du droit de disposition du mari, le système que nous combattons, outre les précédents historiques que nous avons indiqués, nous oppose avec force l'article 1428 aux termes duquel, « le mari peut exercer seul toutes les actions mobilières et possessoires qui appartiennent à la femme. Il ne peut aliéner les immeubles personnels de sa femme sans son consentement. » De cette prohibition d'aliéner, restreinte aux meubles personnels, on a tiré la conclusion que pour les meubles propres cette prohibition n'existe pas, et que le mari puise dans sa qualité de chef et maître de la communauté, le droit d'en disposer sans le concours de sa femme. Et ce n'est point, dit-on, une inadvertance, un oubli du législateur, qui, édictant des règles relatives à la communauté légale, n'aurait point, comme le plus souvent, porté son attention sur ce qu'il peut y avoir, dans certains cas, des meubles propres même sous ce régime, puisque dans ce même article, à l'alinéa précédent, il vient d'être parlé des actions mobilières propres à la femme. En outre, ajoute-t-on, cette distinction de la loi entre les meubles et les immeubles se comprend d'autant plus qu'elle n'est que la conséquence de celle faite dans l'alinéa précédent. Dans cet alinéa premier de l'article 1428, la loi autorise le mari à exercer seul les actions mobilières procédant du chef de sa femme, tandis qu'elle lui refuse l'exercice des actions immobilières, sauf dans les limites de son administration et de son usufruit. Il était conséquent de lui reconnaître le droit de disposer des meubles en même temps que celui d'exercer les actions qui y sont relatives. *Absurdum est ei, cui alienatio interdicitur, permitti actiones exercere.* (7, § 2, ff, de *jure deliberandi.*) Enfin, et se plaçant spécialement au point de vue des meubles incorporels, on soutient que le droit d'en recevoir et d'en poursuivre le paiement qui appartient incontestablement au mari, entraîne nécessairement avec lui le pouvoir de les aliéner. Le mari, dit-on, étant incontestablement en droit de toucher les créances de la femme, non-seulement à leur échéance, mais encore par anticipation, non-seulement au moyen d'un paiement proprement dit, mais encore au moyen d'un paiement avec subrogation ou même d'une *datio in solutum*, on ne voit pas pourquoi il ne serait pas également autorisé à les céder.

Malgré ces arguments, nous préférons adopter l'opinion qui refuse au mari le droit d'aliéner les meubles personnels de la femme. La double argumentation échafaudée sur l'article 1428, peut se réfuter facilement. Et d'abord, de ce que la loi défend au mari d'aliéner seul les immeubles personnels de la femme, il ne faut pas absolument conclure qu'il ait le droit d'aliéner ses meubles. C'est un pur argument *a contrario* dont il faut se défier d'autant plus qu'il aboutit à une conséquence contraire aux principes de droit commun. Il est fort probable que l'article 1428 ne s'est point exprimé relativement aux meubles propres, parce qu'il ne peut y en avoir que dans des cas tout à fait exceptionnels sous la communauté légale, ou parce qu'il aurait fallu entrer dans des développements analogues à ceux de l'article 1851 du Code civil, lorsque la rédaction du Code, quoique moins brève que celle des coutumes, est dans tous les articles du chapitre de l'administration de la communauté d'une concision extrême. Nous avons vu, du reste, que l'article 1428 peut même être invoqué 'dans notre opinion comme consacrant au profit de la femme sur ses meubles propres un véritable droit de propriété et non point une créance de leur valeur.

Quant à l'argument tiré de ce que le mari étant administrateur des propres de la femme et ayant droit d'exercer les actions mobilières qui lui appartiennent, a, par une conséquence nécessaire, le droit de les aliéner, il est facile d'y répondre. La loi 7, § 2, ff. *de jure deliberandi* contient une proposition qui, dans sa

généralité, est dans notre droit d'une exagération certaine. Il y a bien des cas où le droit d'intenter les
actions est complétement différent du pouvoir d'aliéner.
Ainsi, d'après l'article 464, le tuteur, avec l'autorisation du conseil de famille, peut intenter les actions
relatives aux droits immobiliers du mineur, sans pouvoir aliéner ses immeubles, si ce n'est avec l'autorisation du conseil de famille homologuée par le tribunal
(art. 458). Spécialement pour les meubles, le droit
d'administrer les biens de la femme accordé au mari
sous la clause d'exclusion de communauté, lui permet
d'exercer les actions mobilières qui lui appartiennent,
mais ne l'autorise en aucune façon à aliéner les choses
dont on peut faire usage sans les consommer (art. 1531).
Cet article 1531 s'applique certainement aux créances
comme aux meubles corporels, et, quoique le mari
ait le droit d'en percevoir le paiement, il ne peut en
disposer sans le consentement de la femme. De même,
à notre avis, sous le régime dotal. C'est qu'en effet il
n'y a pas analogie complète entre la faculté de recevoir
le paiement d'une créance et le pouvoir de l'aliéner. Le
paiement est le but nécessaire de la créance, son mode
normal d'extinction, tandis que la vente ou la cession
est un acte qui vient rompre le cours naturel des
choses ; c'est l'acte de disposition par essence. Il faut
donc en revenir aux principes qui ne reconnaissent
qu'au propriétaire la faculté d'accomplir cet acte de
disposition. Ce système, du reste, est le seul qui soit
en harmonie avec les préceptes du Code civil sur les
sociétés (art. 1851) et sur le mandat (art. 1988),
auxquels il faut nécessairement recourir dans la matière
de la communauté et des pouvoirs du mari, lorsqu'il
n'y a point de texte spécial. Les articles 1531 et 1532

qui, pour le régime d'exclusion de communauté, refu-
sent nettement ce droit de disposition au mari en lui
imposant la restitution en nature des choses dont on
peut faire usage sans les consommer sont conçus dans
des termes qui semblent bien ne point déroger aux
règles de la communauté légale et ne contenir presque
qu'un renvoi aux dispositions de ce régime. De même
l'article 818 ne permet point au mari de provoquer
sans le concours de sa femme le partage des objets à
elle échus qui ne sont pas tombés en communauté, si
ce n'est dans les limites de son droit d'usufruit; et
ces termes généraux objets comprennent bien tout à la
fois les meubles et les immeubles, comme le montre
le commencement de l'article.

Dans cette question de la plus grande importance
pratique, la jurisprudence n'a eu le plus souvent à se
prononcer que relativement aux aliénations de meubles
incorporels, aux transferts de créances faits par le
mari, auxquels ne s'applique point l'article 2279 du
Code civil. Mais elle l'a fait en des termes généraux,
relatifs à tous les meubles corporels ou incorporels,
sauf, bien entendu, l'application de cet article 2279
au cas de revendication contre un tiers. Dans presque
tous les cas où cette question s'est présentée en droit,
la jurisprudence s'est prononcée dans le sens de l'opinion que nous avons embrassée. La cour de Paris, dès
l'abord incertaine, parut ensuite se ranger à l'opinion
contraire (23 février 1835, Dalloz, *Répertoire alphabétique*, V° *Contrat de mariage*, n° 2616; 11 mai 1837,
eodem, n° 2700; 21 janvier et 15 avril 1837, n° 2701).
Mais elle se fixa par un arrêt exclusif du droit de disposition du mari, en date du 15 avril 1839, dont la
doctrine a été, sur pourvoi, sanctionnée par la Cour

de cassation. (*Req. Rej.* 2 juillet 1840, *eodem*, n° 2702). Depuis, la Cour de Paris et la Cour de cassation ont persisté dans leur jurisprudence (*Req. Rej.* 5 novembre 1860, Dalloz, *Recueil périodique*, 61, 1, 81; *Civ. Rej.* 15 juillet 1856, 56, 1, 281; *Req. Rej.* 4 août 1862, 62, 1, 480; Paris, 21 février 1868, 68, 2, 52) qui a été en général suivie par les autres Cours d'appel.

Cette opinion concorde parfaitement avec celle que nous croyons devoir adopter sous le régime dotal, relativement à l'aliénation des meubles dotaux de la femme qui, à notre avis, sont aliénables et ne peuvent être aliénés par le mari seul. Mais comment la concilier avec la jurisprudence qui permet au mari de disposer seul des meubles dotaux? N'y a-t-il pas contradiction à refuser au mari le droit de disposer seul des meubles de la femme sous un régime qui lui est tout à fait favorable et qui n'a à son égard aucune idée de défiance et de lui accorder ce droit de disposition sous un régime dont les idées de défiance à l'égard du mari entraînent l'inaliénabilité de la dot. Cette contradiction est plutôt apparente que réelle. L'inaliénabilité de la dot mobilière proclamée par la jurisprudence a surtout pour effet d'empêcher la femme de renoncer à son hypothèque légale et aux garanties qui lui sont accordées pour la restitution de sa dot. Cet effet de l'inaliénabilité subsiste toujours malgré le droit de disposition du mari et la femme dotale est protégée même malgré elle par la loi de son contrat. Au contraire, sous le régime en communauté, cette prohibition n'existe plus pour la femme, qui peut, à toute époque, renoncer à son hypothèque légale ou y subroger. Du reste, sous le régime dotal, il y aurait une raison spéciale d'accorder au mari ce droit de disposition. Dans les idées romaines qui avaient été adoptées par les parlements des pays de droit écrit, le mari était propriétaire de la dot, *dominus dotis ;* et il lui est resté de ce droit de propriété un droit d'administration qui va quelquefois, selon la jurisprudence, jusqu'au droit d'aliéner. Sous le régime en communauté, les mêmes raisons n'existent plus.

Nous venons de voir les deux systèmes principaux qui se sont produits relativement au droit de disposition des meubles propres de la femme et nous avons refusé ce droit au mari. Dans l'hypothèse de la clause d'apport (article 1500, alinéa 2) il n'en est plus de même. Il nous suffit d'indiquer ici, la question ne rentrant pas directement dans notre sujet, qu'on a prétendu que dans ce cas les meubles propres de la femme ne tombaient point en communauté et que le mari ne pouvait point en disposer. Pour nous, nous voyons dans l'apport ainsi fait et dans la mise en communauté des propres mobiliers qui en est la conséquence un résultat assimilable à une dation en paiement, sauf compte, et il en est ainsi, en l'absence de toute distinction faite par la loi, que le mobilier apporté équivaille ou à peu près à la somme jusqu'à concurrence de laquelle il a été mis en communauté, ou qu'il y soit de beaucoup supérieur. Dans ces différents cas, l'époux ne reste plus propriétaire *in specie* de ses meubles, il n'a qu'une créance de leur valeur pour ce qui excède sa mise en communauté (art. 1503). Du reste il y aura là plus souvent une question de fait que de droit, à savoir si, par les termes de leur contrat de mariage, les époux ont eu ou non l'intention de faire tomber leurs meubles dans la communauté.

Il s'est produit sur la question que nous venons de développer deux autres opinions, que nous avons à signaler à raison de leur particularité. M. Troplong, dans son commentaire du titre du contrat de mariage, tout en se faisant pour les meubles propres sous la communauté légale et sous la clause de réalisation (n° 1936), le champion de l'opinion que nous avons combattue, admet sous la clause de communauté réduite aux acquêts (n° 1902) la propriété *in specie* de chacun des époux sur ses propres et refuse en conséquence au mari le droit de disposer des meubles propres de la femme. Suivant lui, sous ce régime; le fonds du système est l'absence de communauté, sauf les acquêts, ce qui nous paraît en contradiction formelle avec l'article 1528. M. Troplong a envisagé ici notre régime comme une société d'acquêts, empruntant ses règles à l'ancienne société d'acquêts du régime dotal et à l'usage des contrats de mariage passés dans le ressort du parlement de Bordeaux plutôt que comme une simple communauté réduite dans l'extension de son actif et de son passif, et c'est cette préoccupation qui a dû lui faire écarter ici la solution qu'il admet sous le régime de droit commun. Mais cette distinction ne me paraît guère soutenable. Les termes de l'art. 1528 sont tellement précis que nous aurions pu nous contenter ici d'un renvoi aux règles de la communauté légale.

D'autres auteurs (MM. Aubry et Rau) distinguant entre les deux propositions qui ont fait l'objet de cette discussion, admettent que la femme reste propriétaire *in specie* de ses meubles propres, mais reconnaissent en même temps au mari le droit d'en disposer. Ce droit de disposition est pour eux une conséquence forcée quant aux meubles du droit d'administration qu'a le mari comme chef de la communauté, sur les biens propres de la femme. Dans ce système le droit de propriété reconnu à la femme lui permet de revendiquer ses meubles, après la dissolution de la communauté, à l'encontre des créanciers personnels du mari et des créanciers de la communauté. Mais ce n'est point aller assez loin. Quant à nous, nous avons essayé de réfuter cette opinion en réfutant la première, et nous n'avons point à revenir sur les arguments que nous avons présentés.

La question que nous venons de traiter longuement présente un grand intérêt pratique tant au regard des tiers que dans les rapports des époux entre eux. Au regard des tiers, il faut distinguer entre les meubles corporels et les meubles incorporels. Pour les meubles corporels, l'application de l'article 2279 restreint presque entièrement le droit de revendication de la femme. Son action ne pourra aboutir contre eux, qu'autant qu'ils seront de mauvaise foi, c'est-à-dire qu'ils auront su que le meuble aliéné était propre à la femme. Si on admet, conformément à l'opinion enseignée par la majorité des auteurs, le système qui paraît avoir la sanction de la jurisprudence, cette action procédera encore toutes les fois que les meubles aliénés porteront avec eux la marque certaine de la propriété de la femme.

Quant aux meubles incorporels, créances, etc, non constatés par des titres au porteur, et auxquels ne s'applique point la maxime : « En fait de meubles, possession vaut titre, » la femme qui n'a pu être dépouillée par l'acte de disposition illégale du mari peut exercer son action en nullité de la cession contre les cessionnaires de la créance propre. C'est, pour le cas où la femme renonce à la communauté réduite aux acquêts, la conséquence nécessaire du système auquel nous nous sommes ralliés. En cas d'acquisition de cette communauté, la femme pourrait néanmoins demander pour le tout à notre avis la nullité du transport ou de la cession faite par le mari à charge par elle de rembourser sur la part des biens communs qu'elle recueille la moitié du prix de la cession et la moitié des dommages intérêts dus. Il faut appliquer ici la même solution que sous la communauté légale pour la question controversée de savoir si la femme acceptante a droit à demander la nullité pour le tout de la vente d'un de ses immeubles propres faite par le mari seul.

Dans les rapports des deux époux entre eux, cette question me paraît aussi présenter un très-grand intérêt pratique, quoique la jurisprudence ne se soit pas, à ma connaissance du moins, prononcée sur ce point. Comme conséquence de ce que le mari n'a pas le droit d'aliéner seul les meubles personnels de la femme, nous reconnaîtrons à celle-ci, en cas de violation de cette prohibition, des droits qui varieront suivant les circonstances. La femme, dont un meuble propre aura été ainsi aliéné sans droit, et qui ne pourra point agir contre le tiers acquéreur, par suite de la disposition de l'article 2279, aura recours contre la communauté et contre son mari. Le recours comprendra la valeur au moment de la dissolution de la communauté, de l'effet mobilier aliéné. Il s'exercera contre la communauté en cas d'acceptation de celle-ci par la femme ; contre le mari, seul représentant de la communauté en cas de renonciation. De même s'il s'agissait d'un meuble incorporel aliéné par le mari seul, et que la femme ne pût ou ne voulût point agir contre le cessionnaire, elle aurait contre son mari ou contre la communauté, suivant la distinction faite plus haut, un recours qui comprendrait la valeur de sa créance à la dissolution du mariage. L'opinion qui permet au mari d'aliéner seul les meubles personnels de sa femme, ne conduirait évidemment point aux mêmes résultats. La femme n'aurait de recours contre la communauté que jusqu'à concurrence du prix de la vente des meubles, si ce prix avait été encaissé par la communauté, et non point jusqu'à concurrence de sa valeur au moment de la dissolution de la communauté, à moins que la vente ne constituât un acte de mauvaise administration. Cette différence dans les résultats se comprend facilement. Le système que nous avons combattu doit appliquer la disposition de l'article 1433. Le mari ayant agi dans les limites de ses pouvoirs, il y a simplement lieu à récompense pour ce dont la communauté s'est enrichie aux dépens du patrimoine de la femme. En sens inverse, nous appliquons l'article 1382. Il y a là un dommage causé par la disposition illégale du mari, dommage dont il est dû réparation jusqu'à concurrence de préjudice. La femme pourrait d'ailleurs, si elle y trouvait intérêt, s'en tenir à la vente faite par le mari et en réclamer le prix à la communauté, comme si son mari avait eu pouvoir de disposer.

Du reste, le mari a, sous notre clause de communauté réduite aux acquêts, sur les meubles personnels de la femme, le droit d'administration qu'il a sur tous ses biens propres. Aussi notamment il peut exercer les actions mobilières relatives aux propres mobiliers de la femme, et la chose jugée contre lui serait opposable à celle-ci, sans qu'elle pût recourir à la tierce-opposition, à moins de collusion du mari et du débiteur. De même et par une conséquence nécessaire de ce droit d'administration, il peut recevoir le paiement des créances personnelles propres à la femme soit à terme, soit par anticipation. On a contesté ce droit du mari de recevoir ainsi seul le paiement des créances propres de sa femme (Thiercelin, *Dissertation*, Dalloz, *Recueil périodique*, 1868, 1, 51). Mais cette opinion me paraît réfutée aussi nettement que possible pour la communauté légale et la communauté réduite aux acquêts par l'article 1428. Le droit de poursuivre les créanciers donne évidemment le droit de recevoir le montant de leurs créances. Le droit pour la femme de concourir à la réception du paiement de ses créances propres ne pourrait lui être reconnu que s'il y avait une clause du contrat de mariage qui manifestât l'intention de la part des époux de déroger sur ce point aux règles du droit commun. Dans ce cas, cette clause d'ailleurs parfaitement licite, puisqu'il s'agit, non point des droits du mari sur la communauté comme chef, mais du droit qu'il a sur les propres de la femme comme administrateur et en vertu d'un mandat présumé, devrait être respectée.

CHAPITRE IV

De la dissolution et du partage de la communauté.

En ce qui concerne les modes de dissolution de la communauté réduite aux acquêts, le droit de la femme de l'accepter ou d'y renoncer, les effets de cette acceptation ou de cette renonciation, le partage et la liquidation de la communauté, nous ne pouvons que rappeler les règles de la communauté légale qui s'appliquent ici dans leur généralité. Ainsi spécialement la femme serait en principe déchue de la faculté de renoncer à défaut d'inventaire dans les trois mois du décès de son mari, quoique, dans l'ancien droit, la jurisprudence relative aux sociétés d'acquêts lui accordât un délai de trente ans pour faire cette renonciation. De même, les reprises et prélèvements des époux s'exercent dans le même ordre et au même titre que sous la communauté légale. En effet, notre clause de communauté réduite aux acquêts, nous l'avons déjà dit, ne déroge directe- à la communauté légale que relativement à sa composition active et passive. Mais elle n'y déroge point quant aux modes de dissolution et de partage qui doivent toujours être réglés par les dispositions relatives à la communauté légale (art. 1528). De même aussi il faudra sous notre régime, recourir aux articles qui règlementent à la dissolution de la communauté légale le droit de poursuite des créanciers et la contribution des époux aux créances. Ainsi, après la dissolution de la communauté, les créanciers personnels de chaque époux, ne pourront poursuivre que ses biens propres et sa part dans la communauté, s'il a été fait inventaire de l'actif mobilier correspondant à leur créance, avant la confusion de ce mobilier avec le mobilier commun. De même, les créanciers de la communauté pourront poursuivre la femme pour le tout dans le cas où la créance sera entrée de son chef dans la communauté et jusqu'à concurrence de son émolument pour les créances dont elle n'est point tenue personnellement. Ils pourront poursuivre le mari pour la totalité de sa créance même sur ses biens, et les comptes nécessités par l'exercice de leur droit de poursuite contre un seul des époux, seront les mêmes que sous la communauté légale.

La femme pourra prélever les propres immobiliers qui lui appartiennent. Elle pourra aussi faire le prélèvement en nature de ses propres mobiliers. Seulement nous rappelons qu'à la dissolution de la communauté comme pendant sa durée, elle ne pourra faire ce prélèvement en nature à l'encontre des créanciers, que pour le mobilier qui aura été inventorié, conformément à l'article 1510 La même preuve est-elle nécessaire lorsqu'il s'agit d'un mobilier échu à la femme pendant le mariage, et qu'elle ne demande point à le prélever en nature, mais se présente comme simple créancière chirographaire de sa valeur ? Nous ne le pensons pas. Refuser à la femme le droit de faire par témoins ou par la commune renommée la preuve de la consistance du mobilier propre à elle échu pendant le mariage, lorsqu'elle se présente seulement pour concourir au centime le franc avec les autres créanciers de son mari, ce serait souvent lui enlever entièrement le bénéfice de la sage disposition de l'article 1504. Du reste en général la preuve admissible contre un débiteur est opposable à ses créanciers. L'article 1510 ne déroge à ce principe et n'exige l'inventaire authentique que pour les reprises en nature pour empêcher les créanciers du mari ou de la communauté de poursuivre leur paiement sur le mobilier propre à la femme. La femme qui renonce à cette reprise peut faire, conformément au droit commun, la preuve par témoins ou par de simples présomptions de la créance qu'elle a contre son mari. Placée en effet pendant le mariage sous sa dépendance, elle n'a pu procurer et on ne peut exiger d'elle de preuve écrite.

La clause de communauté réduite aux acquêts qui

vient déroger le plus aux règles de la communauté légale relatives au partage des biens communs et à la division des dettes, est celle par laquelle les époux restreignent la communauté aux seuls acquêts immobiliers ou mobiliers. Dans ce cas, le partage, au lieu de comprendre toute la masse active des biens meubles et immeubles acquis pendant le mariage et que les époux ne justifient pas leur être propres, ne comprendra, par exemple, que les seuls acquêts immobiliers. C'est l'effet naturel du régime naturel, du régime adopté par les époux. Les meubles acquis pendant le mariage et provenant du travail commun ou des économies faites sur les revenus restent entièrement au mari. Il s'ensuit que, tandis que la femme doit récompense au mari pour les dettes personnelles qui ont été payées pour elle, et en général, dans les cas où il y a lieu à récompense sous la communauté réduite aux acquêts, le mari ne doit jamais récompense à la communauté pour les sommes qu'il a employées au paiement de ses dettes personnelles ou à l'amélioration de ses biens propres. En effet, le mari était seul propriétaire du mobilier acquis pendant le mariage et ce droit est le même, qu'il en ait disposé à son profit personnel ou qu'il l'ait gardé en nature, pourvu qu'il n'ait point acheté d'immeuble avec ce mobilier. C'est la loi du contrat des époux, et c'est à tort, à mon avis, qu'on a élevé des doutes sur ce point. C'est l'application pure et simple, des règles de la communauté légale au régime adopté par les époux, en y introduisant les modifications nécessitées par leur convention. Le mari ne peut pas se devoir de récompense à lui-même.

Une autre question, très-sérieusement controversée, se présente sous la communauté réduite aux acquêts immobiliers, relativement au point de savoir par qui et dans quelles proportions devront être supportées les dettes créées pendant la communauté, et qui, sous la communauté d'acquêts ordinaire seraient à la charge de cette communauté. Trois opinions principales se sont produites sur ce point.

Une première opinion fait supporter entièrement les dettes ainsi créées pendant le mariage, par le mobilier restant entre les mains du mari, à l'exception de celles qui sont relatives à des propres de la femme ou aux immeubles composant l'actif de la communauté d'acquêts. Cette opinion s'appuie sur les principes de la dotalité, la communauté réduite aux acquêts immobiliers n'étant presque toujours, en pratique, adjointe qu'au régime dotal. Sous le régime dotal, en effet, la femme n'est jamais tenue des dettes contractées par le mari, soit pour les besoins du ménage, soit dans un autre but. Mais cette application du régime dotal est presque universellement repoussée. Il s'agit ici d'une communauté d'acquêts, et lors même qu'elle est jointe au régime dotal, tout ce qui a rapport à cette communauté doit être régi, à défaut de stipulation dérogatoire, par les dispositions du droit commun. (Art. 1581 combiné avec l'art. 1528.)

Un deuxième système, qui a rallié plusieurs autorités en doctrine et en jurisprudence, enseigne que les dettes contractées pendant le mariage doivent être ici réparties proportionnellement entre les acquêts immobiliers d'une part et d'autre part les meubles acquis pendant le mariage et restant la propriété du mari. Ce système cherche surtout à s'appuyer sur l'équité et sur le principe qu'il n'y a de biens que dettes déduites, par application duquel les dettes suivent en général les biens dans la proportion dans laquelle ils sont mis en communauté ou en sont exclus. Quelle injustice criante, dit-on, dans le privilége donné aux meubles achetés par le mari! Comment! Le mari, oubliant qu'il faut courir au plus pressé et payer les dettes, ira de préférence s'acheter des meubles, et ces meubles resteront libres entre ses mains, tandis que tout le poids des dettes retombera sur l'actif de la société d'acquêts! Le mari sera donc maître de ruiner la société d'acquêts, tandis que lui, il augmentera son patrimoine et s'enrichira; ces conséquences sont si iniques, qu'il suffit d'y réfléchir un instant pour voir que le système dont elles émanent logiquement n'est pas admissible. D'un autre côté, ce système, appuyant la contribution proportionnelle des meubles et des immeubles qu'il adopte, sur l'esprit de la loi et les principes fondamentaux du régime en communauté, fait remarquer qu'en général, lorsque les époux mettent une partie de leurs biens en communauté, ou s'attribuent dans le partage de ces biens une portion quelconque, il y a toujours une partie proportionnelle des dettes qui suit les biens tombés en communauté ou attribués par le partage à l'un des époux. Ainsi, sous la communauté légale, les meubles tombant en communauté et les immeubles en étant exclus, les dettes mobilières tombent aussi en communauté, tandis que le même résultat ne se produit point pour les dettes immobilières et pour les dettes relatives à des propres. De même sous le régime de la communauté légale, lorsqu'une succession, tout à la fois mobilière et immobilière, est dévolue à l'un des conjoints, l'attribution des meubles de la succession à la communauté, et des immeubles à l'époux héritier, entraîne avec elle la nécessité de répartir les dettes de la succession entre la communauté et cet époux (art. 1414). De même encore, lorsque les époux, modifiant la communauté légale, excluent de la communauté tout leur mobilier présent et futur, la loi exclut aussi de cette communauté et leur réserve en propre tout le passif présent et futur qui y correspond. Si, en sens inverse, les époux contractent une société universelle et font tomber en communauté tous leurs biens, toutes leurs dettes les suivent aussi et tombent avec eux en communauté. Le même résultat se produit lorsqu'il s'agit du partage des biens communs. Le partage, par moitié de la communauté, entraîne avec lui l'attribution à chacun des époux de la moitié du passif; et si les époux stipulent des parts inégales dans la communauté, la proportion qu'ils établissent pour l'actif doit nécessairement être étendue au passif (art. 1525). Cette proportion que nous trouvons partout sous le régime en communauté doit, dit ce système, être étendue à l'hypothèse où les acquêts mobiliers sont distingués des acquêts immobiliers. Les dettes créées pendant la communauté doivent en conséquence être réparties entre le mari et la communauté, proportionnellement à la valeur respective des meubles restant au mari et des immeubles compris dans l'actif de la communauté. (Bruxelles, 5 septembre 1823, Dalloz, *Répertoire Alphabétique*, V° *Contrat de mariage*, Caen, 31 mai 1828, Dalloz, *Recueil périodique*, 51, 1, 127.)

Le troisième système auquel nous n'hésitons pas à nous ranger, met à la charge de la communauté d'acquêts immobiliers toutes les dettes qui tombent normalement dans le passif de la communauté réduite aux acquêts. En effet, il faut appliquer ici les règles de la communauté légale, sauf les modifications apportées par les stipulations du contrat de mariage. Ce contrat, lorsque les époux réduisent la communauté aux seuls acquêts immobiliers, déroge d'abord à la communauté légale sur tous les points où y déroge la communauté réduite aux acquêts. En outre, par suite de la réduction spéciale, l'actif de la communauté ne commence à exister que lorsque le mari achète des immeubles pendant le mariage ; il ne peut consister que dans ces immeubles. Quant à l'attribution du passif, la clause qui nous occupe n'y déroge en aucune façon. C'est donc, renvoyer implicitement sur ce point, aux règles de la communauté réduite aux acquêts et de la communauté légale (art. 1409) qui disposent que les dettes qui seront contractées pendant la communauté, tombent, sauf exception, en communauté. Légalement donc, les dettes contractées pendant le mariage sont, par application des principes relatifs à la communauté, à la charge de la communauté d'acquêts immobiliers. De même, d'après les principes généraux relatifs aux sociétés, il n'y a de gain que lorsque toutes les dettes ont été payées et l'actif d'une société ne peut se partager que déduction faite de ses dettes.

Ces principes avaient été parfaitement compris et appliqués par la jurisprudence des tribunaux et des cours de Normandie, province où se retrouvait surtout cette clause spéciale. La pratique constante, dans les liquidations, était d'attribuer à la société d'acquêts toutes les dettes existantes au moment de sa dissolution.

Au point de vue de l'équité, la solution que nous appuyons est loin d'y être aussi contraire qu'on veut bien le dire. Sans doute le mari pourra, en contractant des dettes, en achetant des valeurs mobilières au lieu de payer les dettes de la communauté, ruiner la communauté. Mais c'est un effet normal de la clause adoptée par les époux. Le mari pourrait aussi bien vendre les immeubles acquis pendant la communauté sans en racheter d'autres ; il aurait pu ne point acquérir d'immeubles avec les économies du ménage. Et ce résultat n'est point absolument injuste à l'égard de la femme qui l'a, du reste, voulu ainsi. La femme a toujours le droit de renoncer à la société d'acquêts si les dettes en absorbent l'actif, ou de ne payer les créanciers que jusqu'à concurrence de son émolument. Elle n'est point frustrée par les actes du mari puisqu'elle n'a mis dans la communauté par hypothèse rien de ce que la loi considère comme un apport véritable.

En outre, lorsque cette clause est comme le plus souvent jointe au dotal, il y a une raison de plus pour décider comme nous le faisons. D'après l'effet ordinaire du régime dotal, la femme, dont le capital est sous ce régime, garanti peut-être outre mesure par la loi, n'a point à participer aux bénéfices réalisés, pendant le mariage, sur les charges du ménage. Elle ne concourt pas plus aux chances de bénéfices qu'aux risques de perte. La clause que nous interprétons, vient déroger en sa faveur à l'économie du régime dotal, et, quelque restreint qu'il soit, l'avantage qu'elle lui présente est toujours une chance de gain qu'elle n'aurait point sans cette clause. Il n'est donc pas exact de dire qu'il est injuste de faire peser entièrement les dettes du ménage sur l'actif immobilier qu'elle partage.

Quant à l'argument tiré de la proportionalité qu'on retrouve dans toutes les autres hypothèses en matière de communauté, il est facile d'y répondre. En effet, à la dissolution du mariage et au partage de la communauté, il ne s'opère pas une division de la communauté en acquêts mobiliers et en acquêts immobiliers, les premiers étant dévolus au mari et les autres compris dans le partage à effectuer. La communauté ne comprend et n'a jamais compris que les immeubles, les meubles en sont exclus par le contrat et sont toujours restés propres au mari. Il n'y a pas dans la communauté un actif mobilier et un actif immobilier ; il n'y a qu'un seul actif lequel est en totalité immobilier. Il est dès lors précisément conforme au principe que les dettes suivent l'actif et se divisent entre ceux qui sont appelés à le partager, de les faire supporter exclusivement par la communauté et de les diviser entre les époux en cas d'acceptation de la femme.

CHAPITRE V

Des sociétés d'acquêts jointes au régime dotal.

Avant de terminer cette étude sur la communauté d'acquêts, nous voulons dire quelques mots en appendice sur les sociétés d'acquêts qui sont quelquefois adjointes au régime dotal. Nous avons déjà indiqué cette combinaison qui présente la plus grande analogie avec le sujet de cette thèse et qui se trouve approuvée expressément par l'article 1581 du Code civil. « En se soumettant au régime dotal, dit cet article, les époux peuvent néanmoins stipuler une société d'acquêts et les effets de cette société sont réglés comme il est dit aux articles 1498 et 1499. » Cette stipulation a pour effet de tempérer la rigueur du régime dotal. Elle associe la femme aux bénéfices réalisés sur ses revenus, ou produits par son travail et son industrie. Aussi prend-elle tous les jours une extension de plus en plus grande, tandis qu'elle était exceptionnelle dans notre ancien droit. En France, disait le tribun Duveyrier, tous les pays de droit écrit n'avaient pas repoussé cette combinaison favorable aux époux qui mettent dans leur contrat plus d'espérance et de tendresse que de fortune. La ville de Bordeaux surtout unissait de tout temps au système de la dotalité l'usage fréquent des sociétés d'acquêts. La coutume locale ne prohibait pas la communauté. La loi Romaine tolérait la société de biens. L'usage ainsi justifié s'était établi sur ces deux bases, la tolérance du droit écrit et le silence de la coutume. Nous avons à voir brièvement les règles de chacun des deux régimes qui s'appliquent dans cette hypothèse.

Le principe qu'il faut poser tout d'abord est que toutes les dispositions relatives au capital soit dotal, soit paraphernal, doivent être empruntées au régime dotal, tandis qu'en sens inverse, tout ce qui concerne les revenus et l'acquisition des revenus, leur emploi ainsi que leur capitalisation postérieure doit être régi par les règles de la communauté. Ainsi, il faudra appliquer les dispositions du régime dotal relatives à la constitution et à la réception de la dot. De même, les droits du mari sur les effets donnés en dot, la nature et l'inaliénabilité des immeubles dotaux, le caractère qu'on reconnaît à la dot mobilière doivent être transportés dans ce régime dotal joint à une société d'acquêts. C'est toujours ici, en effet, une question de capital qui doit être réglée par le régime principal adopté par les époux. Mais, quant à l'attribution des fruits à la société d'acquêts, quant aux droits de disposition du mari sur les biens capitalisés et formant l'actif de cette société, quant aux modes de dissolution, quant au partage enfin, les règles doivent en être empruntées à la communauté. Il y a néanmoins quelques questions plus délicates sur lesquelles il nous paraît nécessaire de nous expliquer en présence de l'opposition qui existe entre les règles du régime en communauté et celles du régime dotal.

Lorsqu'une femme mariée sous le régime dotal combiné avec la communauté d'acquêts a des biens paraphernaux, le mari peut-il prétendre à la jouissance et à l'administration de ces biens pour en percevoir les fruits d'après les dispositions du régime en communauté ; ou, au contraire, la femme conserve-t-elle, comme sous le régime dotal pur, l'administration et la jouissance de ses biens paraphernaux, ainsi que le lui reconnaît l'article 1576 du Code civil ? On a prétendu qu'il fallait appliquer ici les règles de la communauté, parce qu'il s'agit d'une acquisition et d'une perception de fruits et qu'il y a communauté de revenus entre les époux. Cela doit, dit-on, sauf stipulation contraire, donner au mari comme chef le droit d'administrer tous les biens personnels de la femme.

Nous croyons plutôt qu'il faut, par application du régime dotal, reconnaître à la femme le droit de conserver l'administration et la jouissance de ses biens paraphernaux, sauf, bien entendu, l'obligation où elle se trouve par suite de l'adoption d'une société d'acquêts, de verser entre les mains du mari administrateur de cette société les économies par elle réalisées sur ses revenus. En effet, l'adjonction d'une société d'acquêts est introduite en faveur de la femme pour la faire concourir aux bénéfices et aux économies réalisés pendant le mariage ; ce serait retourner cette stipulation contre elle que de lui enlever pour cette seule raison la jouissance de ses paraphernaux. En outre, même sous le régime en communauté, la femme pourrait se réserver la jouissance de quelques-uns de ses propres. Ce n'est donc qu'une question d'intention : a-t-elle voulu se dessaisir de l'administration de ses paraphernaux et en investir le mari? Cette intention n'est pas présumable. Le régime adopté par les époux comme régime principal, est le régime dotal. L'adjonction d'une société d'acquêts n'est qu'un accessoire introduit en faveur de la femme. C'est donc surtout sur le régime dotal que s'est portée l'intention des époux. En outre, l'article 1498 vise peut-être cette hypothèse lorsqu'il dit que le partage comprend les acquêts faits par les époux ensemble ou séparément. C'est donc que la femme peut faire séparément des économies sur les revenus dont elle a la jouissance.

Cette doctrine entraîne plusieurs conséquences. La femme mariée sous la régime de l'article 1581 peut déléguer au mari l'administration des biens paraphernaux, comme elle peut la lui enlever. Spécialement elle a seule en principe le droit de donner à bail les biens paraphernaux qui lui appartiennent. Et il a été jugé notamment, avec beaucoup de raison à mon avis, que le mari qui occupe sans le consentement de sa femme une maison paraphernale peut en être expulsé sans que la décision qui ordonne cette expulsion puisse être réputée porter atteinte à la puissance maritale. (*Req. Rej.* 15 juillet 1846, Dalloz, *Recueil périodique*, 46, 1, 356.)

Relativement à l'attribution des fruits naturels des biens appartenant à la femme, le régime en communauté et le régime dotal sont, comme on le sait, en opposition. D'après les règles du régime en communauté qui appliquent les dispositions générales relatives à l'usufruit (art. 585, alinéa 2), les fruits naturels et industriels existant au moment de la dissolution de la communauté sont attribués sans récompense au propriétaire de l'immeuble qui produit ces fruits, à moins qu'il ne s'agisse de coupes de bois ou autres perceptions que la communauté aurait pu faire comme usufruitière et qu'elle n'aurait point faites. Sous le régime dotal, par une disposition contraire, à la dissolution du mariage, les fruits des immeubles dotaux se partagent entre le mari et la femme ou leurs héritiers, à proportion du temps qu'a duré le mariage pendant sa dernière année. En présence de cette diversité, souvenir d'usages anciens du régime en communauté et du régime dotal, quelle solution devrons-nous adopter lorsqu'au régime dotal sera jointe une société d'acquêts? Nous croyons qu'il faut suivre les principes du régime en communauté. Il s'agit, en effet, d'une véritable question d'acquisition de fruits. En outre, il y a ici une véritable communauté, un fonds commun pour subvenir aux charges du mariage, et le mari n'est point obligé de les imputer jour par jour sur les fruits qu'il recueille ou qu'il a à recueillir.

Il est un point sur lequel il s'est élevé une très-sérieuse controverse. Sous le régime en communauté, la femme qui concourt avec son mari à la vente d'un des immeubles appartenant à la communauté, renonce par cela même à exercer tout recours contre l'acquéreur. Le même résultat doit-il se produire sous le régime dotal joint à la société d'acquêts. La femme qui a concouru à la vente d'un des immeubles communs, peut-elle poursuivre par voie hypothécaire en vertu de l'hypothèque légale que la loi lui donne, l'acquéreur des immeubles de la société d'acquêts? Il faut distinguer :

En cas d'acceptation de la société d'acquêts à la dissolution du mariage, la femme par le seul fait de cette acceptation, valide la vente qui a été faite de l'immeuble commun, et renonce implicitement à son hypothèque légale vis-à-vis du tiers acquéreur. A ce moment, le mariage étant dissous, l'inaliénabilité de la dot n'existe plus et la femme maîtresse de ses droits peut en disposer. Du reste, en acceptant la société d'acquêts, la femme se soumet à l'obligation de garantir l'acquéreur de toute éviction. Elle ne peut donc, par l'exercice de son hypothèque légale, lui enlever l'immeuble qu'il a acheté. *Quem de evictione tenet actio, eumdem agentem repellit exceptio.*

En cas de renonciation de la femme à la société d'acquêts, elle est en vertu de cette renonciation censée n'avoir jamais été propriétaire des immeubles communs. Ces immeubles sont considérés comme ayant toujours appartenu au mari et en conséquence la femme peut, en invoquant son hypothèque légale, poursuivre le paiement de ses reprises sur ces immeubles comme sur les autres immeubles du mari. Elle pourrait, même si elle avait concouru à la vente, exercer son hypothèque légale pour le remboursement de sa dot inaliénable et évincer le tiers acquéreur.

De même, la femme pourrait-elle opposer son hypothèque légale sur les immeubles de la communauté aux créanciers envers lesquels elle s'est personnellement engagée? Non en principe en cas d'acceptation. Car, en cas d'acceptation, elle est censée ratifier l'administration du mari dans les limites de la loi. Mais il faudrait que l'acceptation de la société d'acquêts, en pleine connaissance de son actif et de son passif, fût une preuve certaine de la renonciation faite par la femme. Autrement, en effet, l'acceptation ne pourrait suffire à elle seule. Les renonciations ne se présument pas. En cas de renonciation, la femme pourrait aussi opposer son hypothèque légale dans les limites de sa dot immobilière ou, tout à la fois, de sa dot mobilière et immobilière suivant le système qu'on adopte relativement à l'aliénabilité de la dot mobilière, même aux créanciers de la communauté envers lesquels elle se serait personnellement obligée.

Ces diverses propositions n'ont point été universellement admises. En cas de renonciation de la femme à la société d'acquêts, on admet bien, le mari étant censé avoir toujours été propriétaire des immeubles de la société comme si cette société n'avait point existé, que la femme peut opposer son hypothèque légale, même sur les immeubles de la société, aux créanciers envers lesquels elle ne s'est point personnellement obligée. Mais lorsque la femme a concouru à la vente d'immeubles communs ou qu'elle s'est obligée personnellement envers des créanciers de la société, certains auteurs ont voulu faire prévaloir les principes du régime en communauté sur ceux du régime dotal. Ils décident que la femme, sous le régime dotal joint à la société d'acquêts, ne peut jamais exercer son hypothèque légale sur les immeubles communs à l'encontre des créanciers auxquels elle s'est personnellement obligée et qu'elle ne peut non plus, même en cas de renonciation, l'invoquer contre les tiers acquéreurs des immeubles communs, lorsqu'elle a concouru à la vente. En effet, dit-on, par la stipulation d'une société d'acquêts, la femme a cessé d'être purement dotale pour être, jusqu'à un certain point, régie par les règles de la communauté. Dans son contrat de mariage, il y a tout à la fois dotalité et communauté, et il faut appliquer les principes de ce dernier régime pour tout ce qui concerne les biens communs, de même qu'en sens inverse on applique les règles du régime dotal pour tout ce qui concerne les biens propres des époux. Il s'agit ici d'immeubles appartenant à la société d'acquêts; c'est donc par les règles du régime en communauté qu'il faut résoudre ces différentes questions. Or, d'après les règles du régime en communauté, telles qu'elles sont presque universellement reconnues, la participation de la femme à la vente d'un immeuble ou son adjonction à l'obligation contractée par le mari lui enlève le droit d'invoquer son hypothèque légale à l'encontre des tiers acquéreurs ou des créanciers. Elle est censée par son concours à l'acte qui a donné naissance à leur droit, renoncer à leur profit à son hypothèque légale. Pourquoi ici n'en serait-il point de même, puisqu'il s'agit de la disposition d'immeubles communs, faisant partie de la société d'acquêts, qui doivent être régis par les règles de la communauté et à l'égard desquels la femme doit être considérée comme commune?

Malgré ces arguments, nous croyons devoir maintenir la solution que nous avons donnée et permettre à la femme dans ces hypothèses d'exercer son hypothèque légale à laquelle conformément aux règles du régime dotal elle n'a point pu renoncer si cette hypothèque est la garantie de sa dot immobilière ou même d'une dot simplement mobilière d'après l'extension donnée par la jurisprudence à l'inaliénabilité de la dot. Lorsque la femme renonce à la société d'acquêts, elle est censée n'avoir jamais été propriétaire des immeubles qui composent cette société. L'hypothèque légale qui lui est accordée pour la garantie de sa dot doit donc frapper sur ces immeubles sans qu'elle puisse, en vertu de son contrat, y renoncer pendant le mariage. C'est l'effet normal du régime dotal. On objecte qu'il s'agit ici d'une question de biens communs et que la renonciation de la femme à la société d'acquêts n'ayant pas pu lui enlever la qualité de commune, les règles relatives à l'aliénation de ces biens doivent être empruntées au régime dotal. Mais la règle qu'on invoque pour refuser à la femme le droit d'exercer, dans ces différents cas, son hypothèque légale, est empruntée bien moins aux dispositions qui, sous le régime en communauté, sont relatives à l'administration des biens communs qu'à celles qui permettent à la femme de renoncer aux garanties que lui donne la loi ou de les céder à des tiers. La femme mariée sous le régime en communauté peut faire ces renonciations, celle qui est mariée sous le régime dotal ne le peut pas. Mais, comme c'est ici une question de capital, de conservation de la dot, elle doit être régie par le régime dotal, quels que soient, du reste, les objets sur lesquels porte cette garantie. Admettre une solution contraire en se plaçant au point de vue du caractère attribué aux immeubles frappés par l'hypothèque légale, c'est à notre avis déplacer la question.

PROPOSITIONS

DROIT ROMAIN

I. — La loi *Cincia*, dans les cas où elle permettait de révoquer ou de ne pas réaliser la donation contraire à ses prohibitions, entraînait révocation de la donation toute entière, et non point seulement de ce qui excédait le *modus legitimus*.

II. — La *condictio* existant au profit de celui qui a payé sans invoquer l'exception *legis Cinciæ* est une *condictio indebiti*. Elle ne lui est accordée que lorsqu'il a payé par erreur.

III. — Les lois 24 § 1, ff, *de donationibus*, et 5 § 5, ff, *de doli mali et metûs exceptione*, ne sont point en contradiction avec le caractère populaire de la loi *Cincia*.

IV. — La loi 1 § 1, *Quibus modis pignus vel hypotheca solvitur*, au Digeste, se référait dans la pensée de Papinien à la remise d'une dette dont le montant était supérieur au taux de la loi *Cincia*. La révocation par application de la loi *Cincia* d'une donation opérée par un pacte *de non petendo* ne fait pas revivre l'hypothèque qui garantissait cette dette.

V. — Il n'y a pas opposition entre les lois 9 § 1 et 24, P, ff, *de donationibus*.

VI. — La loi *Cincia* ne s'appliquait pas aux donations rémunératoires de services inappréciables en argent.

VII. — Dans le droit classique, la *filiafamilias* à la différence du *filiusfamilias* ne pouvait s'obliger par ses contrats.

VIII. — Une servitude prédiale est rurale ou urbaine, suivant que le fonds dominant est bâti ou non bâti.

HISTOIRE DU DROIT

La communauté légale a son origine dans les lois germaniques modifiées, dans leurs dispositions, par les mœurs et les usages du moyen âge. L'usage des sociétés taisibles a eu surtout une grande influence.

DROIT FRANÇAIS

I. — La clause, par laquelle les époux réalisent tous leurs biens présents et futurs, se confond avec la clause de communauté réduite aux acquêts.

II. — La clause, par laquelle les époux stipulent qu'ils seront communs en tous les biens meubles et immeubles qu'ils acquerront, suffit pour réduire la communauté aux acquêts.

III. — Est valable la réduction de la communauté aux seuls acquêts immobiliers.

IV. — Est valable la clause de réversion de la communauté réduite aux acquêts au profit des enfants à naître, lorsqu'elle ne constitue point une dérogation à l'ordre légal des successions.

V. — Les gains faits au jeu ou dans des spéculations sur les valeurs ou marchandises ayant des cours variables, tombent en communauté.

VI. — La portion d'un trésor attribuée à l'un des époux *jure inventionis*, lui reste propre comme celle qui lui est dévolue *jure soli*, sous la communauté réduite aux acquêts. Sous la communauté légale, au contraire, le trésor tombe toujours en communauté, qu'il soit dévolu *jure soli* ou *jure inventionis*.

VII. — La communauté réduite aux acquêts n'a pas droit à l'augmentation de valeur d'un office que le mari s'est réservé propre, alors même que cette augmentation de valeur proviendrait exclusivement de l'activité et des talents professionnels du mari.

VIII. — La communauté réduite aux acquêts doit récompense à l'époux qui a déboursé des frais de semence ou de labour antérieurement au mariage, lorsqu'elle perçoit les fruits ainsi produits.

IX. — Un immeuble acquis en remploi de propres mobiliers est propre, alors même que le contrat de mariage ne contiendrait pas la clause d'emploi.

X. — Les époux peuvent établir au regard l'un de l'autre la consistance du mobilier qu'ils possédaient antérieurement au mariage, autrement que par un inventaire ou un titre authentique. Il suffit d'une preuve écrite ou d'un commencement de preuve par écrit.

XI. — Sous la communauté réduite aux acquêts et sous la communauté légale, chacun des époux reste propriétaire *in specie* des meubles qui lui sont propres.

XII. — Le mari ne peut aliéner les meubles propres de la femme sans son concours.

XIII. — Les dettes de la communauté réduite aux acquêts immobiliers sont à la charge de cette communauté pour le tout.

XIV. — Sous le régime dotal combiné avec la société d'acquêts, la femme conserve l'administration et la jouissance de ses paraphernaux.

XV. — L'article 1571 du Code civil ne s'applique pas sous le régime dotal combiné avec une société d'acquêts.

XVI. — Sous ce régime de l'article 1581 du Code civil, la femme peut opposer son hypothèque légale, même aux créanciers envers lesquels elle s'est personnellement obligée, au cas où elle renonce à la société d'acquêts.

XVII. — Le prodigue qui se marie sans contrat de mariage, est soumis aux règles de la communauté légale.

XVIII. — La femme ne peut demander la séparation de biens uniquement à cause de l'interdiction judiciaire prononcée contre son mari.

DROIT ADMINISTRATIF

I. — La transcription du jugement d'expropriation n'est pas exigée pour transférer à l'administration à l'égard des tiers, la propriété de l'immeuble exproprié.

Les tiers acquéreurs, au contraire, pour pouvoir opposer leur titre à l'administration, doivent le faire transcrire antérieurement au jugement d'expropriation.

II. — Le conflit peut être élevé par le préfet jusqu'au moment où la décision sur le fond est rendu.

DROIT CRIMINEL

I. — Lorsque la délibération d'un conseil municipal contient des propos diffamatoires pour un tiers, l'action en diffamation doit être portée devant le tribunal correctionnel.

II. — Lorsqu'une seule poursuite est exercée collectivement contre les auteurs de plusieurs délits, si l'un des accusés n'est déclaré coupable que de quelques-uns de ces délits, il ne doit pas être condamné solidairement en tous les frais.

DROIT DES GENS

I. — L'autorité judiciaire n'est pas compétente pour apprécier sur la demande de l'accusé ou du prévenu la validité de l'extradition, soit que l'extradé prétende que le délit ou le crime dont il est accusé, n'est pas compris dans ceux qui sont visés par le traité d'extradition, ou qu'il a été extradé pour un crime autre que celui dont il a à répondre à la justice, ou enfin qu'il a été violemment saisi à l'insu du gouvernement du pays sur le territoire duquel il avait trouvé refuge.

II. — Les femmes mariées étrangères ne peuvent réclamer d'hypothèque légale sur les biens que leurs maris possèdent en France, ni en vertu de l'article 2121 du Code civil, ni en vertu des dispositions de leur loi nationale.

III. — La durée et les conditions de la prescription libératoire doivent être réglées d'après la loi du domicile du débiteur.

Vu :

Le 30 décembre 1871.

LE DOYEN,

BLONDEL.

PERMIS D'IMPRIMER :

ce 30 décembre 1871.

LE RECTEUR,

FLEURY.

— LILLE. TYP. J. LEFORT. MDCCCLXXII. —